Katrin Lugerbauer

ECHTE HITZE-PROFIS

Nachhaltige Gartengestaltung mit trockenheitsliebenden Stauden

Trockenheit bedeutet für spezialisierte Pflanzen vor allem einen Konkurrenzvorteil, den sie zu nützen gelernt haben – dann gibt es auch hier eine Blütenfülle, entlang einer Einfahrt mit verdichtetem Schotter.

Trocken gärtnern, geht das überhaupt?

Mit gelungenen Staudenbeeten assoziieren die allermeisten Gartenbesitzer üppig blühende Prachtstauden in bester Erde, die sich dem Betrachter das ganze Jahr über in Szene setzen. Für deren dauerhaftes Gelingen sind in länger anhaltenden Trockenzeiten verstärkte Wassergaben notwendig. Trockenes Gärtnern weckt bei den meisten Gartenbesitzern Vorstellungen an trostlose, steinige Steppen. Dass aber trockene Freiflächen und Gehölzränder sowie trockener Schatten und absonnige Stellen sich im Garten durchaus über die Jahre attraktiv und dabei ökologisch sinnvoll präsentieren können, zeigt die Autorin anhand mehrerer, aufschlussreicher Beispiele – auch ohne regelmäßiges Gießen.

Trockenes Gärtnern erfordert vor allem Basiswissen über die Ansprüche der jeweiligen Stauden. Mutter Natur ist wie so oft ein gutes Vorbild, denn Rückschlüsse vom Naturstandort helfen uns im Garten bei der Suche des richtigen Pflanzplatzes! Die Gratwanderung zwischen ästhetischer Gartengestaltung und der artenreichen Auswahl passender Pflanzen gelingt nur, wenn man sich mit dem Medium Pflanze, ihrer Herkunft und ihren Ansprüchen intensiver beschäftigt und dabei auch ein Stück weit Mut und Experimentierfreude mitbringt. An mangelnden Sortimenten kann es nicht liegen, wobei auch unbekannte Annuelle und Bienne für die notwendige Dynamik in trockenen Bereichen sorgen.

Inzwischen hat sich in den Staudensortimenten eine enorme Vielfalt an Stauden für den trockenen Bereich etabliert, wir können quasi aus dem Vollen schöpfen. Nicht nur farblich, sondern uns stehen auch vom Blühzeitpunkt die unterschiedlichsten Stauden aus aller Welt zur Verfügung, ganz abgesehen von ihrem Winterkleid. Nahezu alles ist vorhanden, einem gärtnerisch ausgewogenen, auch für die Tierwelt wertvollen, trockenen Gartenteil ist somit Tür und Tor geöffnet – je vielfältiger, desto nachhaltiger! Wer dann von den Pflanzen schlussendlich den Ton angibt, wer die Oberhand gewinnt, bleibt spannend und hängt entscheidend vom Wohlwollen und der Toleranz seines jeweiligen Erschaffers und Gartenbesitzers ab. Fest steht, dass teure Bewässerungssysteme überflüssig sind, aber auch Gartenschlauch und Gießkanne zumindest in diesem Bereich des Gartens ausgedient haben.

Katrin Lugerbauer versteht es meisterhaft, durch Wort und Bild sich diesen hochgesteckten Zielen zu nähern und dabei den Leser zu überzeugen und abzuholen, nach dem Motto „So schwer ist dies alles gar nicht!". Ich würde mir jedenfalls sehr wünschen, dass unter den Vorzeichen des bereits angekommenen, drohenden Klimawandels auch in unseren Gärten ein Umdenken stattfindet und dieses Buch dazu beiträgt, sich mit diesen Trockenheitskünstlern verstärkt auseinanderzusetzen.

Christian H. Kreß
Staudengärtner durch und durch

Inhalt

WARUM UNS TROCKENHEIT IM GARTEN BESCHÄFTIGT

IN DER PRAXIS – ENTSCHEIDEN, PLANEN, ANLEGEN, PFLEGEN, ERHALTEN 42

PFLANZIDEEN FÜR TROCKENE STANDORTE 72

SERVICE 136

Trockenheit wird in vielen Gärten als Belastung empfunden: Bekannte Stauden gedeihen nur zögerlich oder gehen ganz ein, ohne Gießen wächst gleich gar nichts – so etwas verdrießt. Dabei ist die Auswahl an trockenheitstoleranten Stauden enorm, man muss nur wissen, wonach man Ausschau halten muss.
Um für zukünftige Hitzeperioden gewappnet zu sein, empfiehlt sich eine vorausschauende Planung mit robusten, wärmeliebenden Stauden – damit wir auch im Sommer unsere Gärten genießen können.

Regen ist für den Garten die schonendste Art der Bewässerung, bei deren Ausbleiben man manchmal nachhelfen muss. Ein sanfter Gewitterschauer ist bei Pflanzen und Menschen gleichermaßen willkommen.

Gießen muss sein, oder?

Gärtnern trotz Trockenheit? Dieses Hobby bedeutet für viele, immer die Gießkanne im Blick zu haben – dabei ist das gar nicht notwendig.

Auf Nutzgärten und die damit erzielten Erträge trifft es zu, für einen Staudengarten hingegen ist Gießen nicht unbedingt ein Muss. Natürlich gibt es Pflanzen, die einen hohen Wasserbedarf haben. Ein erfreulich vielfältiger Anteil der Pflanzenwelt gedeiht jedoch an heißen, sonnigen Standorten und wächst im Garten erst dann zu üppiger Pracht heran, wenn diese Bedingungen auch wirklich geboten werden. Abgelegene Gartenecken, Grundstücke ohne Wasseranschluss oder hitzeflirrende Vorgärten sind daher kein Grund, auf gärtnerische Gestaltung zu verzichten oder zu Lösungen zu greifen, die weder ästhetisch noch ökologisch sind.

Nicht selten geht dem Wunsch nach Pflegeleichtigkeit und geringem Zeitaufwand ein missglücktes Beetprojekt voran, eine gut gemeinte Pflanzung am falschen Standort. Wer schon einmal in Vollblüte stehende, optimal versorgte, Zeit ihres Lebens in einem wohltemperierten Gewächshaus gezogene und jeden Tag automatisch geflutete Containerpflanzen in einer heißen Sommerwoche in den Garten entlassen hat, dem wird der Gedanke vertraut vorkommen: Wenn so kräftige Pflanzen innerhalb weniger Tage einfach wegsterben, kann das nur am Standort liegen. Und so werden Flächen aufgegeben, die mit standortgerechter Pflanzenauswahl problemlos blühen würden.

Ob ein Garten überhaupt mit Trockenheit zu tun bekommt, hängt von einigen Faktoren ab. Zum einen ist es die geografische Lage, die großen Einfluss hat. Betrachtet man die durchschnittliche Niederschlagsverteilung in Mitteleuropa, so wird

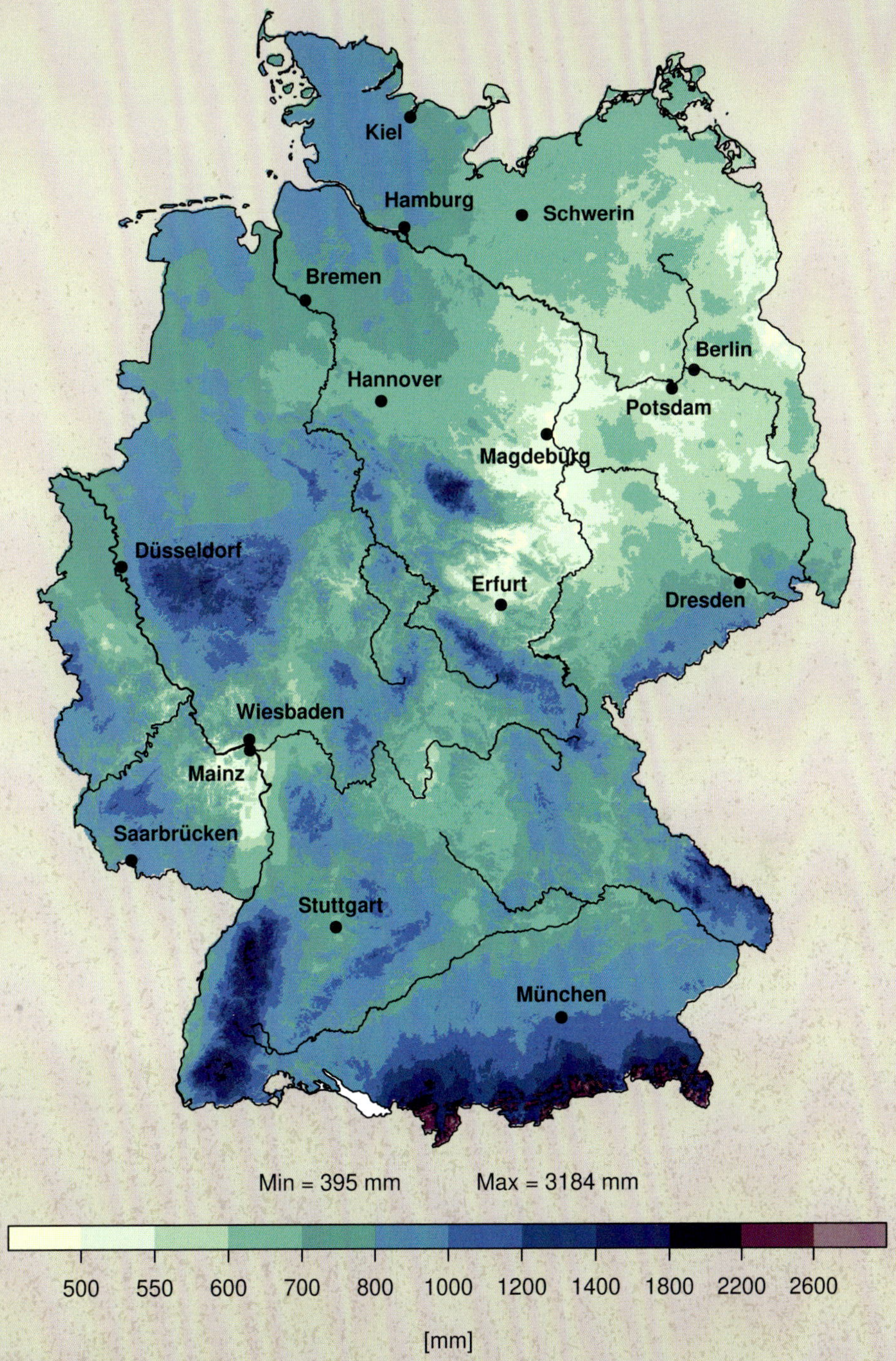

Die durchschnittliche Verteilung der Jahresniederschläge in Deutschland zeigt große regionale Unterschiede. Man kann ablesen, an wie viel Regen sich die Vegetation gewöhnt hat – und bei Dürren dann umso mehr leidet. Quelle: Deutscher Wetterdienst

deutlich, dass selbst innerhalb kleiner Distanzen enorme Unterschiede bestehen. Generell gilt, dass es am wetterzugewandten Rand von Gebirgen aufgrund von Stauniederschlägen und aufgleitenden Wolken mehr regnet – auf der anderen Seite dafür weniger. In Tallagen innerhalb von Gebirgen bleibt es ebenfalls trockener, da die Niederschläge nicht immer bis dorthin gelangen; in Gipfelregionen werden dafür Niederschlagsrekorde aufgestellt. Eine weitere Auffälligkeit ist der ausgeglichene Niederschlag entlang von Küsten und davon ausgehend einige hundert Kilometer ins Landesinnere. Weiter weg vom Meer – was in Mitteleuropa Richtung Osten bedeutet, da Niederschläge stets aus Richtung Westen und Süden übers Land ziehen – wird der Regen seltener und schwächer. Oft reichen schon kleine Hügelketten aus, um die Wolken dort abregnen zu lassen; dahinter, nur wenige Kilometer entfernt, bleibt es dann trocken. Diese regionalen Unterschiede können erheblich sein und daher ist es problematisch, Mitteleuropa pauschal als niederschlagsreiches Gebiet zu bezeichnen: Trotzdem sind Gebiete mit ausgeglichenem atlantischem Klima seltener von Trockenheit betroffen als kontinental geprägte weiter im Landesinneren.

REGEN UND TEMPERATUREN

Dazu kommt, dass nicht nur Regen oder sein Ausbleiben für Trockenheit verantwortlich ist, sondern vor allem die Regelmäßigkeit, in der mit Niederschlag zu rechnen ist – und damit verbunden die Temperaturen. Hohe Temperaturen verschärfen die Trockenheit, kühleres Wetter erleichtert den Pflanzen dagegen den Umgang mit regenarmen Phasen. So fallen im laut Klischee verregneten London jährlich etwa 690 l Regen pro m². Diese verteilen sich annähernd gleichmäßig auf alle Monate, dazu kommt die nördliche Lage und damit eine flachere Sonneneinstrahlung. In Hamburg sind es knapp über 800 l, mit einem Maximum in den Sommermonaten (da dann am Meer die meiste Feuchtigkeit verdunstet). Und wie sieht es in Rom aus? In der Jahresbilanz ist es mit 878 l klarer Sieger, aber die Verteilung

An heißen, sonnigen Hängen gedeiht im Burgenland der Österreichische Beifuß am besten. Sein silbernes Laub macht sich in vielen Pflanzungen hervorragend, da es sich zwischen die Nachbarpflanzen webt.

In den Sommermonaten ist das Gras an trockenen Standorten häufig schon verdorrt. Genau dann blühen Gelber Lauch und Kugel-Lauch, die beide im pannonischen Raum zu finden sind.

zeigt vom Frühling bis zum Herbst einen deutlichen Mangel an Regen und damit genau zu einem Zeitpunkt, wo es auch sehr warm wird. Daher ist die Vegetation im Mittelmeerraum im Sommer ausgedörrt – auch wenn es übers Jahr hinweg oft mehr regnet als nördlich der Alpen (Berlin 669 l, Wien 703 l).

Dazu kommt das Kleinklima – und dann haben wir noch nicht einmal über den Boden gesprochen! Ist er durchlässig, speichert er Feuchtigkeit, ist er gemulcht, heizt eine verbaute Umgebung die Luft auf oder verringern umstehende Bäume die Verdunstung? Es gibt eine Vielzahl an Faktoren, die einen Standort im Garten zum perfekten Beet oder zur trockenen Problemzone machen, einige davon liegen in unserer Hand, andere außerhalb unserer Einflussmöglichkeiten.

EXTREMWETTERLAGEN

Und zu all diesen verwobenen, komplexen Merkmalen kommt noch die Erwärmung des Klimas dazu, die neben einer Vielzahl an Auswirkungen vor allem Extremwetterlagen fördert. Mitteleuropa, das in der Vergangenheit nicht als besonders dürregefährdet galt, hatte in den vergangenen Jahren mit außergewöhnlichen Trockenphasen zu kämpfen. Einige davon waren überregional messbar, andere betrafen nur kleinere Gebiete. Die Prognosen sehen vor allem die Gebiete im Osten, weiter weg vom Meer, in höherer Gefahr – und natürlich den Mittelmeerraum. Denn auch wenn immer wieder von mehr Niederschlägen die Rede ist, so werden diese nicht zu gleichmäßiger Bodenfeuchte führen. Vielmehr ist zu befürchten, dass sie als Extremereignisse bei Unwettern in Form von Überflutungen niedergehen. Für die Land- und Forstwirtschaft, aber natürlich auch für Gärten und Menschen, denen das Gedeihen ihrer Pflanzen am Herzen liegt, ergeben sich dadurch besondere Herausforderungen. Es sind Pflanzen gefragt, die mit Klimaextremen umgehen können und in einem kalten, verregneten Sommer genauso überleben können wie während einer Hitzeperiode – und in beiden Fällen gut aussehen sollen.

STANDORTGERECHTE PFLANZEN

Für den eigenen Hausgarten kann es ein erster und vergleichsweise wenig aufwendiger Schritt sein, Pflanzen auszuwählen, die zumindest mit den vorherrschenden Normalbedingungen gut klarkommen. Dazu sollte

Das Federgras ist eine typische Art europäischer Steppenrasen und wächst gerne, wie hier am Neusiedler See, zusammen mit Kartäuser-Nelken in üppigen, im Wind wogenden Gruppen.

man den eigenen Boden realistisch einschätzen, ohne sich von Wünschen leiten zu lassen, sondern einfach Pflanzen nehmen, die sich bisher als pflegeleicht erwiesen haben. Ausgehend von dieser Liste können nun entweder durch Recherche oder auch per Nachfragen in der Gärtnerei des Vertrauens weitere Pflanzen ergänzt werden. Auf alle Gewächse, die ehrlicherweise nur mit Gießen durchkommen oder – zwar nicht Thema des Buchs, aber solche Gärten gibt es auch – den Winter wegen Frost oder Staunässe nicht überleben, sollte man besser verzichten. Falls man Ausnahmen macht, plant man sie näher am Haus ein, sodass ihre Pflege leichter fällt.

Auf diese Weise erspart man sich Enttäuschungen und den Anblick verwelkender Pflanzen, gegen den man auch mit Gießen nicht mehr ankommt. Mit cleverer Auswahl kann der Wasserbedarf von Gartenflächen sukzessive reduziert werden und fällt bei einer eingewachsenen Bepflanzung schließlich ganz weg.

WENN GIESSEN, DANN RICHTIG!

Tipps zum Gießen in einem Buch über das Gärtnern auf trockenen Standorten? Leider kann der Einsatz von Wasser im Garten rascher notwendig sein, als man das für notwendig erachtet hat. Meine bisherigen Beete wurden immer möglichst standortgerecht gestaltet; wo ich gärtnere, ist es außerdem nur selten wochenlang trocken und heiß – und trotzdem war ich schon öfter in der Situation, Wasser möglichst wirkungsvoll einsetzen zu müssen. Wer neben Staudenbeeten auch Gemüse zieht, hat ohnehin kaum eine Wahl: Üppiges Gemüsewachstum bedarf einer ausgeglichenen Nährstoff- und Wasserversorgung. Aber auch hier gibt es ein paar Tricks. Angepasst an den eigenen Gartenstandort können das einfache Änderungen in der Nutzung sein: So reduziert sich die Verdunstung von Gießwasser erheblich, wenn man abends gießt und nicht am Morgen, wo ein Teil des Wassers die Pflanzenwurzeln gar nicht erreicht. Leider ist diese Maßnahme nicht immer folgenlos: Morgendliches Gießen war bisher eine häufig propagierte Methode, um es den Schnecken (vor allem im Gemüsebeet) nicht noch einfacher zu machen – denn Schnecken lieben warme Nächte mit feuchten, frischgegossenen Wegen und Beeten. Womöglich ist also zusätzlich ein umfassendes Programm gegen Schnecken notwendig, um die Gießgewohnheiten umstellen zu können.

TROCKENSTRESS IM FRÜHJAHR

Im Staudengarten waren es bisher neben einigen heißen Sommern mit zusätzlich austrocknendem Wind vor allem trockene Frühjahre, die mir und meinen Pflanzen Schwierigkeiten bereitet haben. Diese Entwicklung ist in Mitteleuropa neu und wird auch von der Klimaforschung mit Sorge betrachtet. Orientiert man sich am phänologischen Kalender, der die Jahreszeiten nach Blüte- und Reifezeitpunkten weit verbreiteter Arten wie etwa der Hasel oder dem Holunder einteilt, so beginnt der Frühling im Vergleich zur Mitte des vergangenen Jahrhunderts im Durchschnitt um zwei bis drei Wochen früher. Sobald alle Pflanzen gleichzeitig austreiben, brauchen sie auch besonders viel Wasser, das im Frühling aufgrund von ausreichenden Niederschlägen im Winterhalbjahr, der Schneeschmelze oder feuchter Witterung, Stichwort „Aprilwetter", immer ausreichend vorhanden war. Interessanterweise ergibt sich hier eine Schwachstelle des gemäßigten Klimas in unseren Breiten: Nach längeren sommerlichen Dürrephasen reichen die üblicherweise üppigen Regenfälle im Herbst und Winter oft nicht aus, um die Wasserspeicher des Bodens wieder zu füllen. Das Jahr startet also bereits mit einem Defizit, das durch den Vegetationsbeginn und die steigenden Temperaturen weiter verschärft wird. Kommt es dann zu einem trockenen März oder April, was in den vergangenen Jahren weitaus öfter der Fall war als früher, so kann die Trockenheit bereits im Frühling zu Problemen führen. Temperaturrekorde noch vor Ostern tragen das Ihre dazu bei. Um landwirtschaftlichen Betrieben die Einschätzung der Situation zu erleichtern (etwa um Aussaaten zu planen) gibt es neben zumeist kostenpflichtigen Agrarportalen im Internet für alle zugänglich den Bodenfeuchtebericht des Deutschen Wetterdiensts. Er wird wöchentlich veröffentlicht und kann sehr hilfreich sein, um den subjektiven Trockenheitseindruck im Garten im richtigen Kontext zu sehen und möglichen Dürrephasen, vor allem in der kühleren Jahreszeit, abseits von Hitzewellen, rechtzeitig zu begegnen. Während der Austriebsphase sind Pflanzen besonders anfällig für Trockenstress, weshalb es sich fürs ganze Jahr lohnen kann, genau jetzt zu gießen. Weil die Verdunstung aufgrund niedrigerer Tempe-

Gemüsebeete brauchen für einen guten Ertrag eine gleichmäßige Feuchtigkeitsversorgung – Rasenschnitt als Mulch wirkt dabei ausgleichend, um auch hier nicht täglich gießen zu müssen.

An sonnigen Stellen bilden Kugel-Lauch und Beifuß ein ansprechendes Team, das – einmal etabliert – selbst im Hochsommer nicht gegossen werden muss und trotzdem immer fit aussieht.

raturen und im Vergleich zum Sommer kürzerer Sonnenscheindauer reduziert ist, kann effizienter gewässert werden. Vor allem Gehölze profitieren davon, aber auch Staudenpflanzungen, die noch nicht ganz eingewachsen sind.

Vielleicht hilft in Ihrem Garten aber auch die Verwendung von Mulch. Dieser reduziert die Verdunstung und Erhitzung des Bodens, verringert den Anflug von unerwünschten Gewächsen und hat auch sonst einige Vorteile. Mineralischer Mulch, also Schotter, Kies oder einfach Sand, ist für viele Pflanzen aus trockenen Regionen die optimale Ergänzung, da auch ihre natürlichen Standorte sandig-steinigen, durchlässigen Boden aufweisen. Im Gemüsegarten tut Rasenschnitt, Stroh oder Heu gute Dienste – und verbessert so den Boden, dem im Vergleich zu Blumenbeeten ja viel mehr Nährstoffe entnommen werden.

WASSER EFFEKTIV NUTZEN

Falls Sie bisher schon Schwierigkeiten mit dem hohen Wasserbedarf einiger Pflanzen hatten, könnte auch eine dichtere Bepflanzung der Schlüssel zum Erfolg sein. Wie bei den bereits vorgeschlagenen Methoden kommt so weniger Hitze bis zum Boden und die Austrocknung des Bodens verringert sich. Sollten Sie öfters gießen, aber das Gefühl haben, es helfe nichts, kann das auch an zu wenig Wasser liegen. Es klingt im ersten Moment paradox, zum Thema Wassersparen stärkeres Gießen vorzuschlagen. Doch es kommt gar nicht so selten vor, dass Gärten oder einzelne Pflanzen zwar regelmäßig gegossen werden, aber leider nicht durchdringend genug. Vor allem bei trockenen Böden, in denen Gewächse direkt von Beginn an tief in den Boden wurzeln, kann ein Dürreereignis lange abgefedert werden, weil die Pflanzen schon trainiert sind, Feuchtigkeit im Boden suchen zu müssen. Sie haben ein weit verzweigtes Wurzelsystem, das oft wochenlang noch genug Feuchtigkeit erreichen kann. Fangen solche Pflanzen schließlich an zu schlappen, reicht eine gut gemeinte Gießkanne oft nicht mehr aus, denn in den oberen Erdschichten hat die Pflanze zu wenig Wurzeln, um das Wasser aufnehmen zu können, ehe es wieder verdunstet ist. In solchen Fällen hilft nur eine andauernde, nächtelange Bewässerung – dafür aber nur alle paar Tage. Insgesamt kann der Wasserbedarf so reduziert werden.

In diesem Zusammenhang wird immer wieder die Faustregel erwähnt, nach der 1 l Wasser pro m² den Boden 1 cm tief durchfeuchtet. Das würde bedeuten, dass das Ausleeren einer üblichen Gießkanne mit 20 l auf 1 m² den Boden bis in eine Tiefe von ca. 20 cm durchfeuchten würde, eine Tiefe etwa, mit der man einen nicht unerheblichen Wurzelanteil einer durchschnittlichen Staude durchnässt haben sollte. Eine klassische Regentonne würde so für 10 m² reichen und – falls Sie wie ich nun zweifeln, ob man denn je ausreichend gießen würde – ein 10 000-l-Regenwassertank für 500 m². Geht man davon aus, dass durch den Wasserschlauch im Garten durchschnittlich 18 l Wasser pro Minute fließen und ein üblicher Viereckregner eine Fläche von 250 m² bewässern kann, so muss dieser mehr als 4,5 Stunden laufen, um eine ähnliche Wirkung zu entfalten. Falls Sie also in die Lage kommen, Ihren Garten bewässern zu müssen, so ist es sinnvoll, die Beete in Bereiche aufzuteilen und diese an mehreren Nächten nacheinander zu gießen und nicht alle halbe Stunden hektisch den Sprinkler umzustellen.

GÄRTNERN MIT DER NATUR

Aus meiner Sicht sollte Gießen im Staudengarten trotz allem die Ausnahme bleiben und zu keiner gärtnerischen Routine werden. Natürlich können feuchtigkeitsbedürftige Pflanzungen mit Bewässerungssystemen oder körperkraftintensiver Ausdauer zu dschungeliger Üppigkeit geführt werden und oft ergeben sich dadurch wunderbare Gartenbilder. Und wer auf durchlässigem Sandboden gärtnert, wird das vielleicht anders sehen und genauso aus der vollen Staudenvielfalt schöpfen wollen – was an gar nicht so wenigen Orten nur mit regelmäßigem Bewässern machbar ist. Trotzdem soll immer abgewogen werden, ob der Material- und Kosteneinsatz für eine Bewässerung im Verhältnis zum Ergebnis steht. Zusätzlich stellt sich, analog zu den stets als hilfreich angepriesenen Unkrautfolien, die dann langsam zerfallend im Boden bleiben, die Frage der Entsorgung. Werden Bewässerungsschläuche jemals wieder zurückgebaut? Tauscht man defekte Teile oder legt man einfach neue daneben? Für mich ist eine an den Standort angepasste Pflanzung ökologisch, preislich und den Aufwand betreffend die erste Wahl. Allerdings muss diese Haltung nicht dogmatisch als Messlatte für einen ganzen Garten gelten. Es ist kein Widerspruch, in der Nähe von Regentonne und Wasseranschluss empfindlichere Pflanzen zu ziehen und weiter hinten im Garten oder vor dem Haus einen robusten Gravel Garden anzulegen. Gärten werden durch Gegensätze lebendig! Und wer sich in eine Sumpfpflanze verliebt hat, kann ja immer noch auf Kübel, größere Pflanzcontainer oder eine kleine Teichlandschaft ausweichen. Gärtnern mit Pflanzen, die Trockenheit aushalten, sollte kein Verzicht sein, sondern Bereicherung bieten.

Für mich geht es in erster Linie darum, vertrocknenden Stauden vorzubeugen und Wege aufzuzeigen, wie auch ohne ständiges Gießen farbenfrohe, schöne Beete geschaffen werden können. Der eindrücklichste Zugang dazu liegt im Betrachten natürlicher Lebensräume.

Nach der Pflanzung, wenn die Stauden noch keine weitreichenden Wurzeln gebildet haben, ist punktuelles Gießen bei Weitem effektiver als das Besprenkeln oder flächige Gießen mit der Brause.

INSPIRATION AUS DER NATUR

Pflanzen an ihren Naturstandorten bieten eine wertvolle Fülle an Information, wie sie sich bei uns im Garten wohlfühlen könnten. Halten sie es aus, bedrängt zu werden? Wachsen sie lieber etwas abseits und ohne direkten Kontakt zu den Nachbarn? Mögen sie es etwas feuchter oder lieber knallheiß? Und wie ist es mit Staunässe? Je genauer man darüber Bescheid weiß, desto besser wächst es daheim im Beet.

Welche Pflanzen sind geeignet?

Mit trockenheitserprobten Pflanzen zu gärtnern, bedeutet keineswegs Verzicht, sondern vielmehr Schöpfen aus einer artenreichen Fülle an Pflanzen.

Die blaue Kugeldistel (*Echinops ritro*) findet man in Italien gelegentlich auch in der weißen Variante. Die Blüten erscheinen im Hochsommer und fallen in der trockenen Umgebung sofort ins Auge.

Pflanzen sind enorm anpassungsfähig. Diese Eigenschaft hat es ihnen möglich gemacht, so gut wie jeden Winkel der Erde zu besiedeln, solange er zumindest zeitweise Sonnenlicht, Feuchtigkeit und einen Hauch von Nährstoffen bietet.

Eine wichtige Hürde müssen Pflanzen jedoch meistern, um für unser mitteleuropäisches Klima als geeignet zu gelten: Sie sollten in der Lage sein, auch regenreiche Perioden zu überleben. Denn was für heimische Pflanzen völlig normal ist – ein verregneter, trüber Sommer oder ein matschiger Winter, bei dem Frost und Plusgrade ständig wechseln – kommt an vielen trockenen Orten dieser Welt einfach nicht vor. So ist es im Mittelmeerraum gerade in tiefen Lagen selten frostig, in höheren Lagen liegt dagegen zuverlässiger Schnee als bei uns. Und die Prärien und Steppen in kühleren Regionen sind in der Regel auch im Winter eher trocken, weil sie weit im Kontinentinneren liegen. Und falls es dort doch Niederschlag gibt, fällt er in Form von Schnee und sickert erst im Frühling in den Boden. Dazu gibt es in sommertrockenen Gebieten viel weniger Humus, da Laubbäume fehlen und beständiger Wind Biomasse in Senken verweht. Die dort heimischen Pflanzen sind daher an steinige Böden mit schlechter Wasserspeicherqualität angepasst und mit den nährstoffreichen, tiefgründigen Böden in unseren Gärten nicht vertraut. Die Folge ist rasches Wachstum, verbunden mit hoher Anfälligkeit für Pilzerkrankungen, die es in ihrer trockenen Heimat nicht im gleichen Ausmaß gibt.

Die Elfenbeindistel ist eine beeindruckende zweijährige Pflanze, deren stabile Blütenstände ab Mitte Juni Insekten anlocken. Zum Ansiedeln klappt Aussaat – oder das Umpflanzen ganz kleiner Pflanzen.

Aus diesem Grund sind durchgehend trockene Standorte, wie Hanglagen, Sandböden oder Beete, deren Untergrund steinig und daher durchlässig ist, viel einfacher zu bepflanzen als Stellen, die im Sommer trockenfallen und im Winter feucht sind. Matschige Bedingungen im Winter senken für die dort gepflanzten Gewächse auch die Winterhärte drastisch, weshalb empfindliche Pflanzen in manchen Gärten völlig problemlos überleben, wenige Kilometer weiter aber sogar Ableger des gleichen Exemplars selbst nach mehreren Versuchen kläglich eingehen. Dieses Scheitern darf dann aber nicht dem Frost in die Schuhe geschoben werden, sondern liegt ganz klar an der Beschaffenheit des Bodens. Für eine Einzelpflanze kann in solchen Fällen eine Drainage in Form eines tieferen Pflanzlochs, gefüllt mit Splitt und Sand, Wunder wirken. Möchte man ein ganzes Beet drainagieren, ist neben dem ökologischen Aspekt der Bodenveränderung auch der Aufwand zu bedenken. Meist ist es einfacher, andere, robuste Pflanzen zu verwenden, die mit den vorliegenden Bedingungen glücklich sind. Denn selbst für solch wechselnde Bedingungen ist die Auswahl an Pflanzen umfangreich genug!

TRICKS BEI TROCKENHEIT

Interessant ist dabei vor allem, wie unterschiedlich diese angepassten Pflanzen aussehen. Ihre Erscheinungsform hängt direkt mit der Strategie zusammen, die sich in ihrem Lebensraum als hilfreich gegen Trockenphasen erwiesen hat. Stammen sie

Silbernes Laub ist bei hitzetoleranten Stauden Programm. Für die Gestaltung ergeben sich so äußerst interessante Kombinationsmöglichkeiten und eine helle, sommerliche Farbstimmung.

aus einem Gebiet, in dem die Sommer erbarmungslos trocken sind, so haben sie vielfach Speicherorgane gebildet, die ihnen helfen, in kargen Jahreszeiten über die Runden zu kommen. Etliche Frühblüher wie Tulpen, Kaiserkronen und Lauch-Arten verwenden diesen Trick. Andere haben robuste Blätter, mit denen die Verdunstung reduziert wird, oder ihr Laub ist ganz zart und schmal, um dem Sonnenlicht und der Hitze wenig Angriffsfläche zu bieten. Die bekannteste Strategie ist vermutlich die silberne Blattfärbung, oft verbunden mit einer dichten Behaarung, die nicht nur hübsch aussieht, sondern auch sehr effektiv vor Austrocknung bewahrt. Viele Pflanzen wurzeln sehr rasch tief in den Boden oder sie gehen den komplett anderen Weg, sind nur kurzlebig und entwickeln sich lieber aus Samen neu, wenn die Bedingungen für eine erneute Blüte wieder passen. So müssen sie Durststrecken nicht als Pflanze überstehen, sondern warten in Form von Samen auf ihre Chance.

HERKUNFT EUROPA

Trockene Landschaften oder Regionen, in denen es im Jahresverlauf zu Trockenzeiten kommt, sind weltweit anzutreffen. In Mitteleuropa, das mit regelmäßigen Niederschlägen durchgehend grün und deshalb ursprünglich weitgehend bewaldet war, sind sie nicht ganz so häufig. Trockenkünstler findet man hier vor allem an Extremstandorten, die nicht aus Regenmangel trocken sind, sondern weil der Untergrund das Wasser nicht speichert oder zu wenig Humus vorhanden ist. Das ist beispielsweise auf Sandböden der Fall, wie sie im nördlichen Drittel Deutschlandlands und im Schwemmland entlang größerer Flüsse zu finden sind. Aber auch in den eigentlich niederschlagsreichen Gipfelregionen von Gebirgen finden sich angepasste Pflanzen, die in kleinsten Felsspalten mit nur ganz wenig Substrat Hitze und Trockenphasen durchhalten. Genauso herausfordernd ist das Wachstum in Geröllhalden oder an den schottrigen Uferbereichen größerer Flussläufe. Dazu kommen Kalkböden, die Wasser rasch in den Untergrund versickern lassen und besonders in Hanglagen recht trockene Bedingungen aufweisen können. In all diesen Lebensräumen hat sich eine Vielfalt an Pflanzen etabliert, die ihre ökologische Nische mit Hilfe besonderer Überlebenstricks gut ausfüllen. Nicht wenige von ihnen sind im Garten ohnehin alte Bekannte: Königskerze, Färberkamille, Thymian, Blut-Storchschnabel, Kuhschelle und Sonnenröschen sind nur einige von ihnen. Durch Auslese und Zucht existieren zum Teil erstaunliche Farbvarianten, die ihren Ursprung als genügsame Wildpflanzen nur mehr erahnen lassen.

Die für unseren Standort an Pflanzenarten ergiebigsten Regionen liegen im Osten. Je weiter wir uns vom Atlantik entfernen und ins Kontinentinnere kommen, desto trockener und heißer werden die Sommer – und gleichzeitig sind die Winter kalt und schneearm. Hier finden sich jede Menge Pflanzen, die bei durchlässigen Böden auch näher am Meer und bei mehr Niederschlag bestens gedeihen. Spannende Habitate für die Suche nach neuen Gartenpflanzen beginnen daher quasi vor unserer Haustür, im Osten Österreichs, wo sich durch das pannonische Klima eine ganz besondere Flora entwickeln konnte. Und ab da geht es weiter, über das Schwarze Meer bis in die Mongolei. Man darf also gespannt sein, welche Pflanzen von dort noch den Eingang in unsere Gärten finden werden!

Trotz Regen trocken: Standorte mit geringer Humusauslage und viel Sonne erfordern vom Bewuchs erhöhte Stresstoleranz, wie hier in der Wachau, am Vogelberg-Steig bei Dürnstein.

Im Mittelmeerraum ist es vielfach nicht nur trocken und heiß, sondern durchlässiger Boden verstärkt diese Bedingungen sogar noch. Pflanzen wie diese Wolfsmilch sind daher besonders robust – solange es trocken ist.

MITTELMEERRAUM

Leider sind ausgerechnet jene Regionen, die in Deutschland am ehesten Sandboden aufweisen, genau die Bereiche, in denen am seltensten Schnee fällt und Frost die Pflanzen daher am härtesten trifft. Sogenannter Kahlfrost, der meist im Januar oder Februar ohne schützende Schneedecke und über mehrere Tage hinweg eintritt, sorgt besonders bei wintergrünen Stauden und Gehölzen für Probleme. Diese können dann ihre Blätter nicht mehr mit Feuchtigkeit versorgen, sodass diese welken. Dauert diese Wetterphase länger, sterben auch die Triebe fürs bevorstehende Frühjahr ab und die Pflanzen gehen ein. Im Normalfall tritt so ein Umstand selten ein oder kostet zumindest nur ein paar Pflanzen das Leben. Für einige Pflanzen aus dem Mittelmeerraum, die mit unserem Klima eigentlich ganz gut klarkämen, ist aber auf diese Weise alle paar Jahre wieder Schluss. Es ist zwar schade, wenn der üppige Rosmarinbusch eines Frühlings dann doch nicht mehr austreibt. Wenn man aber damit rechnet, kann man ihn einfach nachpflanzen. Bei der Gestaltung seines Gartens aber auf viele solcher Pflanzen zu setzen, kann zu großer Enttäuschung führen und einen dazu zwingen, alle paar Jahre buchstäblich neu zu beginnen. Daher sollten frostempfindliche Pflanzen erst einmal im eigenen Garten getestet werden – oder man hört sich um, wie die Erfahrungen in den Gärten der Umgebung abgelaufen sind.

Von einigen empfindlicheren Arten abgesehen, ist der Mittelmeerraum eine äußerst ergiebige Pflanzenquelle für sonnige, heiße Standorte. Das mediterrane Klima, das rund ums Mittelmeer zu finden ist und durch Niederschläge im Winter und heiße, trockene Sommer gekennzeichnet ist, bedeutet einen perfekten Crashkurs für Pflanzen, die bei uns mit Hitzewellen klarkommen müssen. Einige Kräuter, Duft- und Zierpflanzen sind schon in den letzten Jahrhunderten nördlich der Alpen angesiedelt worden – andere wurden erst in den vergangenen Jahrzehnten für ihren Einsatz an trockenen Standorten auch nördlich der Alpen entdeckt. Beispiele sind: Bergminze-Arten (*Calamintha*), die Junkerlilie (*Asphodeline*

Weil es im Sommer so trocken ist, können viele Gräser nur an feuchten Standorten üppig wachsen. Auf den Freiflächen bleibt viel Platz für Blütenstauden – und diese bevorzugen dann auch im Garten freien Stand.

lutea), der Affodill (*Asphodelus albus*), *Euphorbia*-Arten und das allseits bekannte Currykraut (*Helichrysum italicum*).

DIE PRÄRIEN NORDAMERIKAS

Ein großer Teil unserer sonnenliebenden Gartenpflanzen stammt aus den Prärien Nordamerikas. Darunter versteht man Grasländer, die früher von Herden an Bisons und anderen Pflanzenfressern durchstreift wurden. Deshalb, aufgrund von Bränden und wegen heißen Sommern in Verbindung mit kalten und windigen Wintern, konnten sich kaum Waldbestände bilden, sodass eine enorme Vielfalt an Gräsern und Blütenpflanzen entstand. Von der einstigen Vielfalt ist heute nur ein kleiner Bruchteil – man schätzt ihn auf etwa ein Prozent – übrig. Die restliche Fläche für die Landwirtschaft verwendet. Heute prägen diesen Teil der USA im fruchtbaren Bereich weite Getreidefelder und in den kargeren Gebieten extensive Weidetierhaltung.

Kommt die Rede auf Prärie, so denken viele automatisch an trockene, heiße Standorte. Das stimmt aber nur bedingt. Große Teile dieses Lebensraums, vor allem im östlichen Teil der ursprünglichen Prärien, weisen Niederschlagssummen zwischen 600 und 1000 mm auf und bieten tiefgründige, nährstoffreiche Böden. Dies betrifft vor allem die Bereiche Minnesota, Iowa, Illinois und Missouri. Die dortige Hochgasprärie ist üppig und bunt; zahlreiche der dort heimischen Pflanzen befinden sich in Europa schon lange in Gartenkultur, weil sie gegenüber der europäischen Flora einen entscheidenden Vorteil vorweisen: Sie entwickeln sich zwar im Frühling langsamer, blühen dann aber im Hochsommer und Herbst, wenn heimische Pflanzen meist schon ziemlich zerrupft aussehen. Typische Vertreter dieser Region sind Phlox, Sonnenbraut, Mädchenauge, Sonnenhut, Rudbeckia und viele Astern. Alle diese Arten kommen nur bedingt mit Trockenheit klar; an sehr kargen Standorten

Rudbeckia missouriensis erträgt weitaus mehr Trockenheit als der bekannte gelbe Sonnenhut und passt daher bestens in ein Trockenbeet – dazu ist er schlank und hat nur schmales Laub.

Einige Mittagsblumen sind auch bei uns winterhart und können an trockenen Standorten üppige Polster bilden, wie dieses Exemplar im steirischen Wüstengarten von Birgit und Gerhard Gußmagg.

sind sie überhaupt nicht glücklich und bei Hitzeperioden leiden sie rasch.

Weiter im Westen, im Vorland der Rocky Mountains, sind die Niederschläge bedeutend geringer. Von Montana im Norden bis New Mexico und Texas im Süden gestaltet sich daher der Bewuchs ganz anders. Die dortige Kurzgasprärie ist stärker von Gräsern geprägt, generell schütterer und weniger üppig – ideale Voraussetzungen für unsere Suche nach Arten, die mit Trockenheit gut klarkommen! Der weite Bereich dazwischen, von North Dakota im Norden bis Texas im Süden wird *mixed grass prairie* genannt und bildet einen Übergang zwischen den hochwachsenden, feuchtigkeitsliebenden Wiesen und den kargen und trockenen, zum Teil aber ebenso artenreichen Pflanzengemeinschaften nahe den Gebirgen. Es ist deshalb nicht ungewöhnlich, dass sich innerhalb bereits bekannter Pflanzenfamilien Arten finden, die es dann doch trockener aushalten als ihre im Garten verwendeten Verwandten. So erträgt *Rudbeckia missouriensis* mehr Trockenheit als andere Sonnenhüte und *Phlox amplifolia* wäre einen Versuch wert, wenn andere Phloxe streiken.

UND AFRIKA?

Ob eine Pflanze für ein Trockenbeet vor unserer Haustür geeignet ist, hängt vor allem davon ab, ob sie auch winterhart ist, denn neben sommerlichem Regenmangel drohen bei uns trotz allem längere winterliche Frostphasen, die für viele hitzebeständige Pflanzen aus dem tropischen Bereich ein Ausschlusskriterium darstellen. Aus diesem Grund sind nur sehr wenige Pflanzen aus dem Steppen- und Savannenbereich Afrikas in Gartenkultur, obwohl dort mit der Anpassung an Regen- und Trockenzeiten eine große Zahl an dürreerprobten Pflanzen heimisch ist. Eine Ausnahme bildet die Vegetation der Drakensberge in Südafrika und Lesotho, da es dort nicht nur Schnee gibt, sondern in den Gebirgslagen auch Frost bis −15 °C auftritt. Fackellilien, Montbretien und Mittagsblumen haben es aufgrund ihrer Frosthärte von der Kapflora zumindest in die Gärten milderer mitteleuropäischer Regionen geschafft.

Vom Naturstandort lernen

Wo eine Pflanze in der Natur wächst, ist nie dem Zufall überlassen: Optimalen Wuchs gibt es nur am geeigneten Standort. Ein Grund mehr, genauer hinzuschauen!

Betrachtet man Pflanzen in ihrem natürlichen Verbreitungsgebiet, so fällt als erstes auf, dass sie – von wenigen Ausnahmen abgesehen – dort nie allein wachsen. Sie sind Teil einer Pflanzengemeinschaft, die sich als lockere Gruppe zusammengefunden hat und mit den Bedingungen, die ihnen der Standort bietet, am besten klarkommt. Je nachdem, welche Faktoren entscheidend sind, überwiegt einmal die eine, dann wieder die andere Art. Auf diese Weise entsteht ein abwechslungsreiches Mosaik aus Gruppen und zerstreuten Einzelpflanzen, das auf uns einen harmonischen und doch abwechslungsreichen Eindruck macht. Im Hintergrund, für uns unsichtbar, hat so eine Pflanzengemeinschaft aber noch andere Vorteile: Oft schließen die Pflanzen mit den Blütezeiten aneinander an, um nicht in Konkurrenz zu bestäubenden Insekten zu geraten, manchmal ranken die einen an den anderen hoch und spezielle Exemplare halten sich mit Hilfe von Chemie Pflanzenkollegen vom Leib. Diese Wechselwirkungen im Garten zu berücksichtigen oder auch bewusst einzuplanen, ist nur schwer möglich. Was man sich aber leicht abschauen und umsetzen kann, ist die Bewuchsdichte: Abhängig davon, ob die Pflanze Körperkontakt mit anderen Blühern schätzt oder komplett ablehnt, sollte sie so auch im Garten verwendet werden. Und natürlich ist es hilfreich, sich die Nachbarpflanzen anzusehen und Anregungen für den Garten zu holen – denn was gemeinsam wächst, wird auch im Garten gern zusammen sein.

Der schüttere Bewuchs einer Magerwiese im Weinviertel bietet viel Platz für Blütenpflanzen. Sogar der Natternkopf bleibt hier ganz niedrig und klein.

Der Altas-Schwingel blüht schon Ende Mai und ist dadurch besonders wertvoll für den Garten, wo viele Gräser erst ab Sommerbeginn durchstarten.

DIE GRÄSER

Was wir im Garten weniger häufig imitieren, ist der Anteil an Gräsern, die an trockenen Standorten in der Natur immer recht flächendeckend vorkommen. In Gärten gelten Gräser, besonders kleine, eher unscheinbare, immer noch zuerst als Unkraut. Das liegt auch daran, dass klassische Wiesengräser und Besiedler von offenem Boden, die uns in unseren Beeten ungewollt zu nahe kommen, auf nährstoffreichen Standorten rasch verdrängend wirken. Sie konkurrieren erfolgreich um Licht und Platz und wer schon einmal ein Beet von Quecke befreit hat, wird diese Eigenschaft mit dem nötigen Respekt abgespeichert haben – und in Zukunft lieber schon beim ersten Auftauchen zur Grabegabel greifen. An mageren, trockenen Standorten wachsen Gräser viel zahmer. Sie bleiben vielfach horstig, niedriger und in allen Teilen lockerer, sodass auch ihre direkte Nachbarschaft für die Blütenpflanzen ringsum keinen Nachteil birgt. Am Naturstandort sind Gräser unmittelbar mit Blütenstauden verbunden und daher sollten einige von ihnen auch in unseren Trockenbeeten Verwendung finden. Neben klassischen Bekannten tauchen in Gärtnereien immer mehr bisher selten verwendete, trockenheitsverträgliche Gräser auf. Sie haben nicht immer den prächtigen Blütenschmuck eines Lampenputzergrases oder die monumentale Mächtigkeit eines Chinaschilfs, aber genau ihr zurückhaltender Charme macht sie so interessant für die Verwendung im Beet.

Die genaue Betrachtung von Naturstandorten ermöglicht uns aber auch, die Ansprüche und das Verhalten von Pflanzen in Beeten zu verstehen und sie optimaler für unsere eigenen Pläne einzusetzen. Ich gehe später noch genauer darauf ein, wie das Verhalten von Pflanzen für unsere Beete relevant sein kann (Seite 39). Aber auch ohne in die Tiefe zu gehen, wird man in der Natur beim Hinschauen schon erkennen, ob der Standort langfristig bewachsen wird – ein flacher, zur Sonne geneigter Hang etwa – oder sich rasch verändert. Solche Orte wären Schotterrinnen im Gebirge, die Abhänge oberhalb eines Wanderwegs oder einer Straße oder, weitaus urbaner, aber deshalb nicht weniger spannend, der Schotterhügel auf der Großbaustelle.

Gräser, die es trocken mögen

NAME	BESONDERHEITEN
Silber-Ährengras *Achnatherum calamagrostis*	attraktives, golden blühendes Gras; nur auf wirklich mageren Böden verwenden
Aufsteigender Wiesenhafer *Avenula adsurgens* subsp. *adsurgens*	blaugraues Laub, niedriger Blattbusch und Blüte ab Mai; Blattschopf nur an die 40 cm hoch, die Blüten ragen bis 120 cm auf
Moskitogras *Bouteloua gracilis*	ungewöhnlich „schwebende" Blüten; wirkt toll zwischen anderen Stauden
Mittleres Zittergras *Briza media*	attraktives Gras; ganz feine, zartgliedrige Blüten; wer es größer mag, nimmt das einjährige *Briza maxima*, sehr ungewöhnlich
Goldbart *Chrysopogon gryllus*	luftig, aufragende Blütenstände, bis etwa 100 cm
Atlas-Schwingel *Festuca mairei*	frühblühendes, kompaktes Gras, bogig überhängend; den ganzen Winter schön
Östliches Wimpern-Perlgras *Melica ciliata*	herrliches weißes Gras; allerdings Vorsicht, auf manchen Böden enorme Aussaat!
Steifer Tropfensame *Muhlenbergia rigens*	noch unbekannt; lange, schmale Blütenstände, die überhängen
Federgras *Nasella tenuissima*	beliebtes Gras für sonnige Stellen; bringt Leichtigkeit in jede Pflanzung
Orientalisches Lampenputzergras *Pennisetum orientale*	silber-rosa Blütenstände, eher klein, Sorte 'Karley Rose' (sehr groß, bis 120 cm)
Herbst-Blaugras *Sesleria autumnalis*	blüht im Sommer, kompakte Büsche, wirkt ordnend
Prärie-Tropfengras *Sporobolus heterolepsis*	duftet, feine, luftige Blütenstände
Federgräser *Stipa* (diverse Arten)	hübsche, vielseitige und trockenheitstolerante Gräser, Sorten: *S. capillata*, *S. gigantea*, *S. pennata*

Nur wenige Gräser, wie hier das Wimpern-Perlgras, säen sich im Garten stark aus. Bei robusten Partnern kann man es aber auch mal gewähren lassen, denn der Effekt ist doch beeindruckend.

Trockenbeete in den Gärten

Gärten mit Pflanzen zu gestalten, die ohne Gießen auskommen, ist keine völlig neue Idee. Doch das Thema wird für immer mehr Gartenfreunde aktuell.

Neben Regionen, die immer schon mit Trockenheit zu kämpfen hatten, gab es immer auch Sammler besonderer Pflanzen, die alles versucht haben, um die Naturstandorte ihrer Schützlinge zu imitieren. In Mitteleuropa lagen in den vergangenen Jahrhunderten eine Zeit lang Alpen- und Steingärten im Trend. Sie waren detailgetreue Nachbildungen alpiner Landschaften, oftmals mit abenteuerlichen Steinschichtungen, künstlichen Felsüberhängen und stets akkurat gepflegt, um die häufig winzig kleinen Schützlinge optimal versorgt zu wissen. Der Gesamteindruck solcher Anlagen war nicht unbedingt natürlich, außerdem handelte es sich dabei in keiner Weise um „Beete", sondern um die Spielwiesen von Sammlern, die sämtliche Mühen auf sich nahmen, um ganz spezielle Gewächse fern ihrer Heimat zum Wachsen und Blühen zu bringen.

Die Natürlichkeit kam erst sehr viel später in die Trockenbeete: einerseits mit der Naturgartenbewegung, die das ökologische Potenzial von Magerstandorten erstmals nicht nur erkannte, sondern auch in den Garten zu verlegen versuchte, und an-

Der Kiesgarten von Beth Chatto ist eines der bekanntesten Beispiele dafür, wie man mit schwierigen Bedingungen – schottriger Boden, wenig Niederschlag – trotzdem farbenfroh gärtnern kann.

Im öffentlichen Grün wird (wieder) zunehmend auf Stauden gesetzt, da sie im Gegensatz zu Wechselflor robust sind, nicht gegossen werden müssen und bei passender Pflege mehrere Jahre attraktiv sind.

dererseits mit moderner Pflanzengestaltung, die nach der Idee der standortgerechten Gestaltung auch Lösungen für bis dahin eher als Problem empfundene Gartenbedingungen suchte. In diesem Zusammenhang muss natürlich Beth Chatto genannt werden, eine Gärtnerin aus Elmstead Market, Essex, England, die in den 90er-Jahren die ehemalige Parkplatzfläche ihres Gartens zu einem Kiesgarten umfunktionierte, ohne den Schotter zu entfernen. Sie verbesserte den Boden lediglich mit Humus und begann dann, an Hitze und Trockenheit gewöhnte Pflanzen vor allem aus dem Mittelmeerraum anzusiedeln. Dass so ein Garten besonders schön aussehen kann und dank des englischen Klimas, in dem auch wintergrüne Halbsträucher aus Südeuropa gedeihen, selbst den Winter über attraktiv war, ebnete dem Kiesgarten den Weg in viele Gärten. Die Erkenntnis, dass trockene Beete genauso prächtig aussehen können wie die klassischen gehätschelten Rabatten, ist noch heute für viele Gartenfreunde Inspiration.

Abseits des Privatgartens treten robuste, hitzetolerante Pflanzungen im öffentlichen Grün vermehrt in den Fokus. Weil die Etats der zuständigen Stellen meist weder für Staudenpflanzungen, die kenntnisreichen Rückschnitt erfordern, noch arbeitsintensiven Wechselflor reichen, wurde die Pflege von Kreisverkehren, Fahrbahnteilern oder anderen urbanen Grünflächen in den vergangenen Jahren oft vernachlässigt. Mit dem an manchen Orten langsamer, an anderen schneller einsetzendem Bewusstsein für die Wichtigkeit von Bewuchs im öffentlichen Raum rücken nun auch Gestaltungskonzepte ins Bild, die Blüten, ganzjährige Attraktivität und ökologischen Nutzen bieten. Und auf einmal blühen Kuhschellen auf den Verkehrsinseln und Kartäuser-Nelken dürfen die Fläche neben dem Zebrastreifen besiedeln.

Für Gartenbegeisterte sind das alles erfreuliche Entwicklungen: Neben den zunehmenden artenreicheren Pflanzungen in Städten und Betonwüsten, verändern sich – mittlerweile deutlich erkennbar – die Sortimente von Gärtnereien. Diese bieten immer mehr geeignete Pflanzen an, um dem Wunsch nach wenig gießintensiver Bepflanzung Folge zu leisten.

ÖKOLOGISCHE UND NACHHALTIGE GESTALTUNG DES GARTENS

Garten und Natur sollten immer Hand in Hand gehen. Daher sollte die Frage nicht sein, inwieweit wir Natur zulassen, sondern was wir tun können, um die Natur bestmöglich zu unterstützen. Das beginnt mit der Bearbeitung des Bodens, der Art der Bepflanzung und geht mit Pflege und Nutzung des Gartens weiter. Dabei gilt es immer, Kompromisse zwischen dem Nutzen für Tiere und Ökosystem und unseren eigenen Ansprüchen zu finden – wobei Gärten auch Verantwortung bedeuten.

Gut geplant und trotzdem anders?

Die Arbeit mit Pflanzen ist immer für Überraschungen gut. Es gibt kaum ein Hobby, bei dem so viele äußere und darüber hinaus auch kaum kontrollierbare Einflüsse über den Erfolg unserer Anstrengungen entscheiden. Wetter, Witterung, hungrige Schnecken, etwas zu mutige Kaninchen, vorwitzige Vögel – immer durchkreuzt irgendetwas die Pläne. Umso hilfreicher ist es, zumindest die eigenen Einflussmöglichkeiten auszuschöpfen und bei der Auswahl der Pflanzen im Hinterkopf zu behalten, mit welchen Bedingungen sie im Garten klarkommen müssen. Für den Standort passend ausgewählt, wachsen Pflanzen rascher und robuster, sie brauchen in der Folge weniger Pflege und überdauern länger. Einige säen sich dann auch von selbst aus, sodass ein Beet sich weiterentwickelt und jedes Jahr aufs Neue Freude macht.

Für eine Planung mit Stauden sollte auch immer relevant sein, ob die Zusammenstellung die Eigenschaften mitbringt, um längerfristig bestehen zu können. Denn auch wenn wir gerne umgestalten, ist es doch einfacher, wenn eine Pflanzung einfach mal wächst, ohne ständig umzugruppieren oder sie gar komplett umkrempeln zu müssen. Mit der richtigen Auswahl an Stauden erhöhen wir die Wahrscheinlichkeit, über Jahre hinweg einen schönen Gartenteil zu schaffen. Möglichst geringe Eingriffe sind aus ökologischer Sicht unbedingt zu begrüßen – und erleichtern nicht nur Tieren, Bodenlebewesen und Mikroorganismen das Leben, sondern auch uns.

Einige Stauden wie der Kleinblütige Fingerhut sind kurzlebig und säen sich an zusagenden Standorten aus. So verändern sie den Eindruck im Beet von Saison zu Saison und halten eine Pflanzung spannend.

Mit Wiesen-Salbei, Weißem Wau und Klatsch-Mohn können trockene Ecken innerhalb eines Jahres zum Blühen gebracht werden – und die Insekten freuen sich auch.

VIELFALT ZULASSEN

Dabei wird man immer einen Kompromiss zwischen eigenen, oft rein optischen Ansprüchen und dem ökologischen Maximalwert finden müssen! Die große Stärke von Gärten ist die Vielzahl an unterschiedlichen Lebensräumen, die sie auf kleinem Raum vereinen. Im Gegensatz zu landwirtschaftlichen Flächen, bei denen große Flächen immer zeitgleich bearbeitet und damit gestört werden, setzen sich unsere Gärten wie ein Mosaik aus unterschiedlich stark genutzten und in ihrer Artzusammensetzung völlig unterschiedlichen Biotopen zusammen. Wir können diese Vielfalt noch erhöhen, indem wir die Nutzung nur dort intensiv betreiben, wo sie für uns auch notwendig ist. Sprich: Wir mähen nur dort den Rasen, wo kurzgeschorener Rasen für uns unverzichtbar erscheint, und stören nur dort den Boden, wo wir auch wirklich gerade pflanzen wollen. Schon ein paar „Inseln", die seltener von uns bearbeitet werden, bringen einen Mehrwert! Das trifft auf Grasflächen genauso zu wie auf Beete: Wenn wir möglichst wenig herumlaufen und nicht ständig umgraben, jäten und harken, werden sich mehr Lebewesen einfinden. Natürlich klappt das nicht auf allen Flächen und schon gar nicht in neuen Beeten; diese müssen einfach öfter betreten werden. In meinen Gärten habe ich dieses Dilemma gelöst, indem einzelne Abschnitte unterschiedlich intensiv gepflegt werden und Rückschnittarbeiten in Etappen und nie überall gleichzeitig stattfinden.

Artenvielfalt schaffen

Eigentlich ist es ganz einfach: Die Artenvielfalt im Garten wird durch eine abwechslungsreiche Gestaltung verstärkt. Mehr unterschiedliche Lebensräume, mehr verschiedene (heimische) Pflanzen, viele Gehölze, Totholzhaufen, Steinschlichtungen und ein kleiner Teich – genau dort finden sich kleine Lebewesen und weitere Tiere, die von und mit ihnen leben, besonders zahlreich ein.

Solche Beete sind gemeint, wenn in diesem Buch von „Kiesgärten" die Rede ist: Zahlreiche Blütenstauden bilden eine durchgehend blühende Bepflanzung. Kies oder Splitt dienen als Mulch.

Weil trockene Standorte mit lockerer Bepflanzung in unserer Umwelt rar geworden sind, werden sie im Garten schnell zum Hotspot für die Insektenbeobachtung. Daher sollte man Pflegemaßnahmen in diesen Beeten aus naheliegenden Gründen ganz besonders geringhalten. Der Einsatz von Pestiziden sollte sich für Gartenbesitzer ohnehin von selbst verbieten.

DIE SACHE MIT DEM BEGRIFF „KIESGARTEN"

Zuallererst: Ob jemand auf seinem Grundstück einen blütenreichen Naturgarten, eine Sammlung an Formschnittgehölzen oder eine schlichte Rasenfläche mit Kirschlorbeer rundherum anlegen möchte, muss – trotz aller berechtigter Diskussionen über ökologische Verantwortung – Privatsache sein. Warum eine lieblose Schotterwüste, aufgelockert von unglücklichen Buchs- oder neuerdings Eibenkugeln aber als Kies*garten* bezeichnet werden muss, ist mir ein großes Rätsel. Einerseits wird damit der Begriff Garten verwässert und damit auf die bloße Fläche außerhalb des Hauses bezogen, wobei dafür nicht einmal ein Grashalm sichtbar sein muss. Andererseits ignoriert man damit die artenreiche Vielfalt des englischen *gravel gardens*, der als moderne Gestaltungsrichtung farbenfrohe Beete mit natürlicher, standortgerechter Pflanzung verbindet. Trostlose Steinwüsten dagegen, die immer öfter in Vorgärten zu sehen sind, sollten auch als das benannt werden, was sie sind: ein ökologisches Desaster, eine Bank-

Färberkamille und Gewöhnlicher Dost sind ein insektenfreundliches Duo, das auch mit Hitze und steinigen Böden gut klarkommt.

rotterklärung unserer Gesellschaft, die das Artensterben zwar bekümmert als Problem wahrnimmt, aber vor der eigenen Haustür doch lieber nichts haben möchte, das „Dreck" macht und womöglich sogar Tiere anlockt. Und so werden immer mehr Vorgärten mit Folien, Bändchengewebe und Steinen, manchmal sogar in verschiedenen Farben, „gestaltet". Wer also davon spricht, einen Kiesgarten zu pflanzen, sollte damit rechnen, solcherart missverstanden zu werden. Ich rede daher bei den hier vorgestellten Projekten meistens von Trockenbeeten oder Schottergärten und erwähne am besten gleich, dass da dann einiges blühen wird, um Verwechslungen mit einer Schotterwüste zu vermeiden.

DIE SACHE MIT DEN BIENEN

Ein weiteres Missverständnis betrifft das Engagement für Bienen und auch hier ist es eine Unschärfe in der Begrifflichkeit, die zwischen den unterschiedlichen Akteuren immer wieder zu Fehlinterpretationen führt. Entgegen der landläufigen Annahme bezeichnet man mit „Biene" nämlich nicht einfach die Sympathieträgerin Honigbiene, sondern es handelt sich um den Überbegriff für eine ganze Insektengruppe, der in Mitteleuropa je nach Region bis zu 700 Arten angehören. So zählen auch die Hummeln dazu, ihrerseits schon zwischen 20 und 40 Arten, und eine ganze Menge kleinerer Insekten, von denen die meisten Menschen noch nie gehört haben – und sie im Garten vermutlich auch gar nicht als Biene ansprechen würden. Die Honigbiene ist nur eine einzige Art davon – und noch dazu gar kein Wildtier! Das ist wichtig, wenn es um das zweite Missverständnis geht, das bei diesem Thema auftritt: Unter „Bienensterben" versteht man umgangssprachlich das Verenden von Bienenvölkern, das neben dem Befall mit der Varroamilbe meist auf Viren, den Einsatz von Spritzmitteln oder Haltungsfehler zurückzuführen ist. Denn Honigbienen sind von Imkern gehaltene und gezüchtete Nutztiere – die deshalb nicht einfach aussterben werden,

Aufrechter Ziest bildet eine wertvolle Nahrungsquelle für Wildbienen und Hummeln, dazu blüht er lange. Wer die Aussaat verhindert möchte, schneidet ihn nach der Blüte zurück.

auch wenn ihre Haltung zum Teil schwieriger wird und manchmal auch unbekannte Gründe zum Verlust von Völkern führen. Das Bienensterben bezieht sich eigentlich auf Wildbienen – und ist daher nicht einfach mit zusätzlichem Nahrungsangebot, ungefüllten Blüten und der Verwendung von Pflanzen, die gern von Honigbienen besucht werden, zu lindern. Wer hier wirklich etwas ausrichten möchte, muss einige Aspekte mehr im Auge behalten. So leben die allermeisten Wildbienen solitär, das heißt, sie sind nicht Teil eines Volks, sondern jede Biene legt für sich einige Eier ab und versorgt diese mit Pollen und Nektar. Ihr Radius ist bedeutend kleiner als der von Honigbienen und beträgt meist nur wenige hundert Meter. Innerhalb dieses Bereichs muss die Biene nun Nahrung für sich und ihre Nachkommen und einen geeigneten Ort zum Nisten finden. Je nach Art kann sich das ziemlich aufwendig gestalten, denn viele Wildbienen sind Spezialistinnen: So braucht etwa ein Drittel der heimischen Arten eine ganz bestimmte Pflanzenfamilie oder sogar dezidiert eine Art, da ihr Nachwuchs nur mit Pollen dieser einen Pflanze ernährt werden kann. Und auch das Nisten ist eine komplizierte Angelegenheit: In den bekannten „Bienenhotels" können nur ein paar dutzend Arten nisten, wohingegen rund zwei Drittel der bei uns anzutreffenden Wildbienen ihr Nest im Boden bauen. Dafür brauchen die Bienen schütter bewachsene, lückige Stellen – etwas, das wir im Garten in der Regel zu vermeiden versuchen. Wildbienenfreundlich oder einfach nur insektenfreundlich zu gärtnern ist also nicht mit dem Einplanen von ein paar nektarreichen Stauden erledigt, sondern erfordert die Anlage und auch den Erhalt ganz unterschiedlicher Strukturen. Unsere Hausgärten sind meist zu klein, um diesen Anforderung im ausreichenden Ausmaß nachkommen zu können.

Was man allerdings schon tun kann, ist das gezielte Einplanen von Pflanzen, die von besonders vielen Arten besucht werden. Auf diese Weise wird man rasch einige Wildbienenarten im Garten beobachten können und der Erfolg wird einen vielleicht motivieren, sich detaillierter mit diesem Thema zu befassen. Eine geeignete Pflanzengattung ist die der Glockenblumen und für unsere trockenen Gärten ist die Pfirsichblättrige Glockenblume (*Campanula persicifolia*) eine gute Empfehlung: Es gibt sie in klassischem Glockenblumenlila, Weiß und einigen Schattierungen dazwischen, ihre Blattschöpfe sind niedrig und bedrängen

Glockenblumen sind für einige Wildbienen die einzige Nahrungsquelle. Davon abgesehen sind sie hübsch; die Wiesen-Glockenblume bringt als attraktive Zweijährige Dynamik in eine Pflanzung.

keine Partnerpflanzen und sie wandert durch Selbstaussaat und kurze Ausläufer fröhlich durch die Beete, ohne je zur Plage zu werden. Und wenn doch, ist sie leicht entfernt. Sie bietet Nahrung für eine ganze Reihe von Wildbienen, deren Larven ausschließlich Glockenblumenpollen brauchen – daher sollten Glockenblumen in möglichst großer Zahl in jedem Garten vorkommen!

Falls Sie die direkte Begegnung mit Insekten schätzen, sollten Sie etwas für die Garten-Wollbiene tun. Sie sammelt im Gegensatz zu anderen Arten an verschiedenen Pflanzen Pollen, benötigt aber zum Auskleiden und Verschließen ihrer Nester „Pflanzenwolle", die von den Weibchen von Blättern und Stängeln behaarter Stauden abgeschabt wird. Mit dem Pflanzen von Woll-Ziest, Muskateller-Salbei und einiger Beifuß-Arten wie etwa der wunderbar silbernen *Artemisia stelleriana* erhöhen Sie die Wahrscheinlichkeit, diese netten Tiere in den Garten zu locken. Treffen werden Sie dann als erstes die Männchen – diese patrouillieren nämlich in ihrem Revier und vertreiben wirkliche und vermeintliche Konkurrenten.

Darüber hinaus sind Königskerzen (*Verbascum*), Witwenblumen (*Knautia*), *Scabiosa*, Mannstreu (*Eryngium*) und andere Disteln, Katzenminzen (*Nepeta*), Salbei (*Salvia*) und Ziest-Arten (*Stachys*) wertvolle Futterpflanzen. Wer hier mehr tun möchte, findet im Internet jede Menge Information. Wichtig ist die Überlegung, dass es immer eine größere Menge gleicher Pflanzen braucht, um vorkommenden Wildbienen eine brauchbare Unterstützung zu bieten.

DYNAMIK AKZEPTIEREN

Gärten und Beete verändern sich ständig. Dieser Aspekt wird in Hochglanzzeitschriften gerne verschwiegen, weil er durchaus frustrierend sein kann. Ganz konkret bedeutet das, dass selbst die schönste Kombination, das hübscheste Beet und auch jene Pflanzung, die wir gerne vom frühen Morgen bis zum späten Abend anschauen möchten, weil einfach alles darin so gut zusammenpasst, im kommenden Jahr unter Umständen ganz anders aussehen könnte. Das macht Gärtnern einerseits sehr spannend, andererseits enttäuschen solche Unwägbarkeiten auch. Warum das so ist? Manche Pflanzen entwickeln sich sehr schnell, werden dafür aber nicht alt. Sie können also in einem Jahr die Pflanzung dominieren, im kommenden nur mehr in wenigen Exemplaren vorhanden sein und danach ganz verschwinden – oder wieder vermehrt auftauchen. Manchmal passt auch die Witterung nicht und eine Pflanze bleibt kleiner, es könnte sehr feucht sein und ein Pilz schwächt manche Pflanzen oder Spätfrost schädigt die Triebe. Oder es werden Pflanzen überwuchert, von Schnecken gefressen oder man weiß überhaupt nicht warum, aber auf einmal fällt einem auf, dass Pflanzen einfach weg sind. Sie fragen sich, wie man unter solchen Umständen überhaupt ein schönes Beet hinbekommen kann? Der Schlüssel dazu ist Vielfalt. Indem man eine größere Anzahl unterschiedlicher Pflanzen verwendet und auch verschiedene Wuchstypen auswählt, erhöht sich die Wahrscheinlichkeit, dass genug übrigbleiben, um ein Beet tragen zu können. So sollten in jeder Pflanzung langlebige Stauden enthalten sein, die in der Regel mehrere Jahre oder sogar Jahrzehnte alt werden können und so als verlässliches Rückgrat eine Pflanzung einrahmen. Die Begleitpflanzen sollten ebenfalls aus raschwüchsigen und robusten, lange vitalen Stauden gewählt werden. Die dann noch notwendigen Füllpflanzen können zum einen ausbreitungsfreudig sein, zum anderen sollten sie sich selbst aussäen, sodass hier immer wieder eine Erneuerung und optische Durchmischung des Beets stattfindet. Wählt

Unter günstigen Bedingungen kann sich der Wollige Fingerhut stark aussäen. Weil er schlank wächst, kann man so eine Massenblüte ruhig genießen, meistens erscheinen die Sämlinge weniger zahlreich.

Klatsch-Mohn entwickelt sich gerne in neu umgebrochenen Böden. Es kommt nicht selten vor, dass er in neu angelegten Beeten auftaucht – um dann, trotz reichen Samenansatzes, wieder zu verschwinden.

man solche unterschiedlichen Typen aus, wird das Beet sich zwar immer wieder verändern, aber es sind genug Fixpunkte enthalten, um den erwünschten Charakter nicht zu verlieren – und die sich selbst ausbreitenden Stauden füllen etwaige Lücken und finden so zu immer neuen Kombinationen zusammen.

Wie findet man aber nun heraus, wie welche Pflanze wächst? Dazu gibt es einige hilfreiche Erklärungsmodelle.

UNSER ZIEL: NACHHALTIGE PFLANZENGESELLSCHAFTEN

Damit ein Beet funktioniert, sollten nicht nur die äußeren Bedingungen passen, sondern es müssen auch die richtigen Pflanzen zueinandergesellt werden. Neben der Wuchshöhe, Blütezeit und dem Vegetationsrhythmus ist es auch die Art und Weise, wie eine Pflanze sich vermehrt und wie sie sich in Bezug auf ihre Nachbarpflanzen verhält, die für das Gedeihen eines Beets wichtig ist. Um diese Zusammenhänge deutlicher zu machen, wurden verschiedene Erklärungsmethoden entwickelt, die jede Pflanze danach einordnen, wie sie sich gegenüber den Widrigkeiten ihres Pflanzenlebens verhält. Die klassische Einteilung erfolgt nach ökologischen Gesichtspunkten. Sie geht vom natürlichen Verbreitungsgebiet einer Pflanze aus und orientiert sich an den dortigen Bedingungen. Diese Einteilung nach Lebensbereichen stammt von Hansel, Stahl, Müssel sowie Sieber und ist eine ziemlich komplexe Angelegenheit – außerdem wachsen Stauden gar nicht so selten auch an Standorten gut, die ihnen laut Theorie überhaupt nicht zusagen sollten. Einerseits mag das an Fehleinschätzungen von Gartenbesitzern liegen (nicht immer sind feuchte Böden auch wirklich so nass und öfters sind mehr Nährstoffe vorhanden, als man denken würde), andererseits gibt es doch einige Pflanzen, die in Bezug auf Lichtverhältnisse, Wasserversorgung und Böden sehr tolerant sind und gefühlt überall wachsen würden. Andere sind

Nachtkerze, Wegwarte und Königskerze sind recht anpassungsfähig. Ist es trocken, wurzeln sie einfach tiefer und ertragen so auch Extrembedingungen am Straßenrand oder auf humusarmen Brachflächen.

hingegen außergewöhnlich empfindlich; gerät man an solche, kann einem das Anlegen von Beeten schon einmal verleidet werden.

Hoppla, fragen Sie sich jetzt vielleicht, Pflanzen haben ein Verhalten? Oh ja! Darunter versteht man keine spontanen, individuellen Reaktionen, sondern die Strategie, mit der eine Pflanze auf ungünstige Umwelteinflüsse reagiert. In unserem Fall eines trockenen Standorts ist es in erster Linie die Anpassung an den zeitweise oder durchgehend herrschenden Wassermangel, die eine Staude für unsere Zwecke attraktiv macht. Diese zeigt sich in unterschiedlichen Eigenschaften: Wurzelt sie besonders tief? Hat sie Laub, das vor der Sonneneinstrahlung effektiv schützt? Verhindert sie durch Einziehen des Laubs, der sommerlichen Hitze ausgesetzt zu sein? Oder blüht sie früh und sät sich dann aus, sodass ihre Vegetationszeit immer in den feuchteren Frühling fällt?

Für die Auswahl einer Pflanze werden beim Planen aber oft ganz andere Kriterien herangezogen. Meistens entscheiden die Blütenfarbe, die Wuchshöhe und das Aussehen des Laubs darüber, ob wir eine Pflanze sofort ins Herz schließen und gedanklich schon gepflanzt haben oder doch lieber weitersuchen. Wer ein Beet verbessern möchte, wird vermutlich schon genauere Vorstellungen haben, was vom Neuzugang erwartet wird: Wie sieht die Pflanze nach der Blüte aus, muss sie zurückgeschnitten werden, wann zieht sie ein und wie treibt sie im Frühling aus der Erde?

Für die gelungene Entwicklung eines Beets über die ersten ein, zwei Jahre hinaus sind aber noch andere Kriterien wichtig. Und hier kommt ein weiteres Modell zum Zug: Die Pflanzenstrategien von John Philip Grime. Der englische Ökologe entwickelte ein Dreieck, an dessen Ecken die aus seiner Sicht für Pflanzen bedrohlichsten Schwierigkeiten verankert sind: **Störung** (Umgraben, Mahd, Feuer, neue Beete, …), **Konkurrenz** (andere, stärkere Pflanzen) und **Stress** (Trockenheit, zu wenig Licht, Hitze, Kälte, …). Abhängig davon, wie eine Staude mit diesen Schwierigkeiten klarkommt, wird sie im Dreieck verortet. Was äußerst kompliziert klingt, birgt neben hilfreichen Infos für die Planung von Beeten auch einige Aha-Effekte. So entwickeln sich kurzlebige, raschwüchsige Ein- und Zweijährige besonders gut auf gestörten Böden, da sie so den Zeitvorsprung nutzen können, bis auch sensiblere Pflanzen den Standort für sich erschließen. Sind die langlebigen, tiefwurzelnden Großstauden einmal da, wird man Klatsch-Mohn, Ringelblumen und Co. nur noch an den Beeträndern finden, wo durch häufigeres Jäten und Rasenmähen der Standort nach wie vor gestört wird. Im Beetinneren, wo nun Ruhe eingekehrt ist, übernehmen andere Strategen.

Unsere Aufgabe ist, für ein Beet eine ausgewogene Zusammenstellung zu finden, die aus den unterschiedlichen Wuchstypen jeweils ein paar verwendet, sodass wir im ersten Jahr gleich was fürs Auge haben. Während der Übergangszeit, bis die langlebigen Stauden Fuß gefasst haben, sollten ein paar weitere Pflanzen das Beet optisch tragen – ohne alles zu überwuchern und die Pflanzung aus der Balance zu bringen. Hat alles geklappt, fügen sich nach den ersten Jahren große Exemplare langlebiger Stauden ein, die den Charakter eines Beets dann nachhaltig prägen, wohingegen die „raschen" Stauden vom Beginn sich auf ein paar wenige Exemplare reduzieren und Selbstaussäer immer mal wieder auftauchen, die Pflanzung aber insgesamt im Gleichgewicht bleibt.

Das Schwierige an diesem Thema ist, dass sich Pflanzen je nach Boden, Standort, Region und anderen, manchmal gar nicht so leicht erkennbaren Gründen unterschiedlich verhalten. Selbst jemand, der schon viele Beete gestaltet hat, wird solche Überraschungen immer wieder erleben – daher wird es immer wieder Eingriffe in Beete geben müssen, um den erwünschten Eindruck auch wirklich zu erreichen. Beete, die sich etwas speziell entwickeln, sollten daher nicht als Scheitern verstanden werden, sondern als spannende Entwicklung, die manchmal auch auf ganz andere Weise als ursprünglich geplant zu etwas Schönem werden kann.

Wiesen-Salbei und der zweijährige Natternkopf im Hintergrund entwickeln sich enorm schnell: Beide waren erst zwölf Monate vor der Aufnahme winzige Sämlinge mit lediglich zwei Blättern.

IN DER PRAXIS – ENTSCHEIDEN, PLANEN, ANLEGEN, PFLEGEN, ERHALTEN

Beim Anlegen eines Trockenbeets ist Vorbereitung die halbe Miete. Einerseits betrifft das die theoretische Planung, die Auswahl der Pflanzen und deren Anordnung im Beet, anderseits aber auch das Bearbeiten der Pflanzstelle direkt im Garten. Je besser Sie die Bedingungen einschätzen können, umso passender können Sie auch die Pflanzen auswählen. Auf diese Weise entsteht ein robustes, buntes Beet, das rund ums Jahr Freude macht!

Selbst kleine Beete entlang der Garageneinfahrt, Fahrbahnteiler oder die Fläche zwischen zwei Parkplätzen: Sonnenhungrige Pflanzen wie Wolfsmilch, Iris, Aster, Gaura und Salbei sorgen überall für Farbe.

Damit es loswachsen kann

Je genauer Sie den Standort einschätzen können, an dem Ihr Beet entstehen soll, desto passender gelingt die Pflanzenauswahl.

Als ersten Schritt, bevor noch Pflanzenkataloge durchforstet, erste Listen angelegt und Stauden gedanklich arrangiert werden, muss der zukünftige Standort des Beets genau unter die Lupe genommen werden. Falls Sie bereits länger an diesem Ort gärtnern, sind Sie mit dem Boden vermutlich vertraut. Es ist für die Anlage funktionierender Beete nicht notwendig, Bodenproben zu veranlassen oder den pH-Wert zu bestimmen, eigentlich müssen Sie nicht einmal die Art des Bodens genau benennen können. Diese Schritte müssen Sie erst in Erwägung ziehen, wenn es größere Probleme geben sollte – in den meisten Fällen reicht es, den Boden nach einfachen, sichtbaren Kriterien einzuschätzen. Falls Sie sich in dieses Thema vertiefen möchten, so steht Ihnen das weite Feld der Bodenkunde offen – eine komplexe Forschungswelt mit einer Vielfalt an Fachbegriffen, erstaunlichen Zusammenhängen und geologischen Details. Viele davon helfen, Vorgänge im Garten besser zu verstehen und die Einflüsse von uns Menschen auf die Umwelt einschätzen zu können – aber es grünt und blüht auch dann gut, wenn man sich mit den Grundlagen zufriedengibt.

DEN BODEN EINSCHÄTZEN

Böden sind an fast allen Standorten aus verschiedenen Schichten zusammengesetzt. Hat niemand vorher umgegraben oder mit dem Bagger das Gelände modelliert, so besteht die ganz oberste Schicht aus Bewuchs, abgestorbenen Pflanzenteilen und manchmal auch Moos. Direkt darunter schließt der empfindlichste und für unseren Garten wertvollste Teil des Bodens an: die Humusschicht. Sie setzt sich aus Pflanzenmaterial zusammen, das von Klein- und Mikroorganismen (Würmern und sehr, sehr vielen noch viel kleineren Lebewesen) zersetzt wurde und damit Nährstoffe in eine Form zerlegt hat, in der sie von den Pflanzen wieder aufgenommen werden können. So entsteht ein gut funktionierender Kreislauf, der in der Natur Böden – zumindest in unseren Breiten, weil es regelmäßig regnet und die Krautschichten genug Material als Nachschub produzieren – über viele Jahre hinweg fruchtbar hält. In dieser obersten Bodenschicht, die daher auch als „Oberboden" bezeichnet wird, keimen Pflanzensamen und die meisten Pflanzenwurzeln befinden sich dort. Wie dick die Humusschicht ist, hängt von der Entstehung des Bodens ab und ist von Standort zu Standort unterschiedlich. Je dünner die Humusschicht ist, desto schwieriger haben es viele Pflanzen, sich an einem solchen Standort zu etablieren – vor allem dann, wenn die nächste Bodenschicht sehr durchlässig und steinig ist, sie also ebenfalls keine Nährstoff- und Feuchtigkeitsreserven bietet.

Wer ein tiefes Loch gräbt oder bei einer Baugrube, die mehrere Meter tief ist, die Bodenschichten betrachtet, wird den Oberboden eindeutig identifizieren können. Denn die folgende Schicht, der Unterboden oder auch Rohboden genannt, unterscheidet sich optisch deutlich vom dunklen, erdigen Humus: Meist weist er aufgrund von Verwitterung lehmige Bereiche auf, oft enthält er Steine unterschiedlichster

Lehmboden erschwert in vielerlei Hinsicht die Bearbeitung. Außerdem ist er aufgrund der Feuchte fruchtbar, was Fluch und Segen zugleich bedeutet: Hier etwa hat sich die Gelbe Skabiose üppig ausgesät.

Größe und seine Farbe ist heller, bei Lehmboden sogar richtig gelblich. Auf Sandboden hingegen folgt nach dem Humus abrupt ein einheitlicher, heller Bodenbereich, der sehr durchlässig ist. Dieser Unterboden ist in den meisten Fällen entscheidend für den Standort, denn dort werden die Wurzeln der Pflanzen hinwachsen und nach Feuchtigkeit und Nährstoffen suchen. Harte Lehmschichten können das Durchwurzeln erschweren, gleichzeitig aber im Sommer wertvolles Nass speichern und den Pflanzen über Wochen zur Verfügung stellen.

Als für uns letzte relevante Bodenschicht schließt der Untergrund an. Er ist in den meisten Fällen ab einer Tiefe von 70–100 cm zu finden und von Steinen durchsetzt, häufig lehmig und hat eine helle Farbe. Blütenpflanzen wurzeln nur dann so tief, wenn der Boden oberhalb sehr trocken ist. Weil diese tiefen Bodenschichten fast immer sehr verdichtet sind, gibt es wenig Belüftung und man findet dort auch keine Würmer mehr. Auch andere Organismen leben dort im Vergleich zum Ober- und Unterboden kaum. Diese Schicht ist für den darüberliegenden Garten nur relevant, wenn sie zu Staunässe oder extremer Durchlässigkeit führt. In den meisten Fällen wird man nur bei Bauvorhaben oder dem Pflanzen größerer Gehölze so tief graben. Falls Sie neugierig sind, schauen Sie sich Baugruben in Ihrer Nachbarschaft an – so können Sie den Untergrund betrachten, ohne selbst graben zu müssen.

Für das Thema Trockenheit im Garten bedeutet so eine Beobachtung vor allem ein Überprüfen nach hilfreichen Strukturen. Und kaum glaubt man, man wisse über den eigenen Garten Bescheid, gräbt man etwas abseits ein neues Loch und es sieht ganz anders aus. Denn frühere Bauvorgänge, eine starke Überschwemmung im 18. Jahrhundert oder der ehemalige Sandkasten der Vorbesitzer – all das verändert die Standortbedingungen und bietet Chancen oder Stolperfallen, die es zu berücksichtigen gilt.

Entscheidend ist auch, wie gut Wasser gespeichert wird. Auf Sandböden etwa verschwindet Feuchtigkeit rasch im Untergrund, sodass Gießen nur kurz Entspannung bringt. Um die Wasserspeicherfähigkeit eines Bodens zu verbessern, kann Humus oder Kompost eingearbeitet werden – allerdings erhöht sich dadurch auch der Nährstoffgehalt, was für Pflanzen, die an Magerstandorte angepasst sind, nicht optimal ist. Übertreiben Sie es daher mit den Mengen besser nicht! Manchmal

Diese Jungpflanze des Feingliedrigen Bergfenchels könnte man leicht übersehen. Markiert mit Steinen, verhinderte ich, dass ich ihn überpflanze – oder beim Fotografieren aus Versehen drauftrete.

helfen auch kleine Tricks, die Feuchtigkeit besser im Boden zu halten. Allen voran ist hier Mulch zu nennen (siehe S. 61), aber auch die Verwendung von größeren Steinen oder Steinplatten trägt dazu bei, den Boden kühler und feuchter zu halten. Falls Sie beim Graben auf Steine stoßen, heben Sie diese unbedingt auf. Ich lege sie häufig als Markierung um noch kleine Pflanzen oder verwende sie als Merkhilfe für im Herbst gepflanzte Blumenzwiebeln. Größere Exemplare wirken besonders dann, wenn sie etwas in der Bepflanzung verschwinden. Sie sollten zudem immer ein klein wenig im Boden versenkt werden, sodass sie wie natürlich erodiert aussehen – das ist auch der Trick, wenn Sie Ihr Beet mit Steinen begrenzen möchten.

DEN BODEN VERÄNDERN?

Aus ökologischer Sicht sollte bei Arbeiten im Garten der Boden stets geschützt werden. Und das aus ganz eigennützigen Gründen: Humus als oberste Bodenschicht ist so wertvoll, dass man nichts davon wegfahren oder damit Baugruben verschütten sollte. Er muss bei Erdbewegungen zuletzt als oberste Schicht aufgetragen werden, um wieder für Pflanzen zur Verfügung zu stehen. Die darunterliegende Schicht, der Unterboden, reagiert sehr empfindlich auf Verdichtung. Beim Hantieren mit schwerem Baufahrzeug sollte immer versucht werden, den Unterboden nach dem Verteilen nicht mehr zu befahren und wenn, dann nur mit einem leichten Minibagger. Ansonsten besteht die Gefahr, dass der Boden so verfestigt wird, dass er für Pflanzenwurzeln nicht mehr zu durchdringen ist – und bei Regen zu Staunässe führt. An solchen Standorten, die zwischen knalltrocken und hart und dann wieder sumpfig wechseln, wachsen dann wirklich nur mehr wenige Pflanzen. Dort ein Beet anzulegen wird zur Herausforderung.

Betrachtet man den Boden als den komplexen Lebensraum, der er nun einmal ist, sollte es selbstverständlich sein, umsichtig mit ihm umzugehen. Dazu gehört auch, nur notwendige Erdbewegungen durchzuführen und

Hier wurde Mutterboden mit Kieseln und Sand vermischt, um ein durchlässiges Substrat zu erhalten. Nun muss unbedingt gemulcht werden, um den Anflug von Samen vom Keimen abzuhalten.

Künstliche Lebensräume – wie Magerbeete auf nährstoffreichen Standorten – können im besten Fall mit ihrer erhöhten Artenzusammensetzung wettmachen, dass der gewachsene Boden verändert wurde (im Bild *Salvia atropatana*).

immer probieren, sich zuerst mit den vorhandenen Bedingungen zu arrangieren. Es wäre mit unnötigem Aufwand verbunden, an einem trockenen Hang eine Feuchtwiese anlegen zu wollen oder in einer lehmigen, sumpfigen Senke auf einem Magerrasen zu bestehen.

Trotzdem kann es notwendig sein, den vorhandenen Boden in die erwünschte Richtung hin zu verbessern – sei es, weil man unbedingt ein paar Pflanzen ausprobieren möchte, die sonst nicht gedeihen würden – oder weil man ein Grundstück übernommen hat, das so hoffnungslos verdichtet ist, dass kaum etwas wachsen würde. Auch sehr sandige Böden können größere Eingriffe rechtfertigen – vor allem, wenn man mit einem umfangreichen Projekt liebäugelt und ein einmaliger Maschineneinsatz viele Stunden Handarbeit ersparen würde. Am Ende sind, trotz aller ökologischer Verantwortung, Gärten immer auch künstliche Landschaft, die in erster Linie uns gefallen soll. Wer für sein Hobby Garten also größere Eingriffe durchführen möchte, sollte das auch ohne schlechtes Gewissen tun.

ABMAGERN

Den Wunsch nach Standortbedingungen, die es im Garten so nicht gibt, kenne ich selbst. Mein erstes Trockenbeet war die Folge solcher Überlegungen: Die angedachte Stelle war sonnig, der Boden durchlässig, aber leider lag der Garten im Alpenvorland und die hohen Niederschlagssummen führten in Verbindung mit dem guten Boden zu so starkem Wachstum, dass niedrige, sonnenliebende Pflanzen immerzu von größeren Stauden verschluckt wurden. Ich magerte den Boden des Beets dann ab, indem ich die Wiese entfernte, auf den dann gelockerten Humus zum gleichen Anteil Sand auftragen ließ und diesen gut untermischte. In diesem Substrat gediehen dann auch Sonnenliebhaber, mediterrane und alpine Pflanzen bestens. Genauso gut hätte ich ein erhöhtes Beet bauen können und dieses mit sandigem Substrat füllen – nach Vorbild von erhöhten Gemüsebeeten. Dort wird diese Praxis schon ewig praktiziert, um den vorhandenen Boden mit organischem Material anzureichern, ihn fruchtbarer zu machen und die

Auf nährstoffreichen Standorten (unter dem Stein wurde nicht abgemagert) wachsen Stauden enorm rasch: Die Färberkamille wurde erst im Herbst davor gepflanzt. Dafür wird sie nicht so lange ausdauern – Rückschnitt nach der Blüte ist hier wichtig!

Wasserspeicherfähigkeit zu erhöhen. Denkbar wäre auch, kleine Mauern zu errichten, Geländeunterschiede auszunützen und als Füllmaterial durchlässiges, sandiges Substrat zu nutzen. Oder man hinterfüllt Mauern, die zur Hangbefestigung dienen und das Gelände modellieren, mit extra durchlässigem Material, sodass an den Mauerkronen magere Bedingungen entstehen. Das wäre insofern eine gute Idee, da die Drainageschicht hinter der Mauer dann gleich für Abzug sorgen würde und die Verwendung trockenheitstoleranter Pflanzen daher sehr stimmig wäre.

Wenn Sie den vorhandenen Boden abmagern möchten, achten sie darauf, das nur an Stellen zu tun, die von Grund auf guten Wasserabfluss aufweisen. Es wäre schade, alles für Trockenkünstler vorzubereiten und sie im Winter dann zu verlieren, weil der Boden an dieser Stelle wochenlang nicht auftrocknet. Am allerbesten eignen sich südwärts gerichtete Hänge, da man dort auch in niederschlagsreicheren Gebieten und auf nicht ganz so trockenen Böden leichter trockene Standorte hinbekommt. In Senken, entlang von Gewässern oder auf schattigen Flächen sind saftige, üppige Hochstaudenwiesen die bessere Wahl!

Für erfolgreiches Abmagern ist es zielführend, die oberste Erdschicht mitsamt einem Teil des Humuses zu entfernen. Damit diese gute Erde nicht verloren geht, schichten Sie diese am besten an einem anderen Ort zu einem kleinen Hügel auf und lassen Sie die Rasensoden dort langsam verrotten. Nach spätestens zwei Jahren können Sie die beste Erde für Gemüsebeete oder klassische Staudenbeete verwenden. Sollten sich Wurzelunkräuter auf der Fläche befinden, empfiehlt es sich, diese möglichst genau auszusortieren – und beim späteren Verteilen der Erde diesen Vorgang zu wiederholen.

Ist die oberste Erdschicht entfernt, gibt es nun mehrere Möglichkeiten. Eine besteht darin, die darunter liegende Schicht zu lockern (maschinell mit der Fräse oder durch Umgraben) und anschließend Sand einzuarbeiten.

Aufgehobene Rasensoden verrotten innerhalb von zwei Jahren und die Erde kann dann anderweitig benutzt werden – oder ein Kürbis darf dort wachsen. Gegen Wurzelunkräuter hilft genaues Durchsieben.

Das ist vor allem dann eine gute Idee, wenn der Boden verdichtet ist und man – als Test – mit dem Spaten kaum in den Boden kommt. Dann würde auch den Pflanzen das Einwurzeln schwerfallen und es könnte sein, dass sich das Beet nur zögerlich entwickelt. Ist der Boden aber locker und wirkt er leicht bearbeitbar, dann kann der Sand auch einfach auf die Fläche aufgebracht werden. Sollte aus der Umgebung Saatdruck zu erwarten sein, etwa mit einer Heuwiese nebenan oder wenn man im Rest des Gartens auch schon mit Löwenzahn samt Kollegen zu kämpfen hat, dann kann die Schicht auch gerne 20–30 cm dick sein. Auf diese Weise stehen die eingeplanten Pflanzen in einer niemals zu nassen Sandschicht und Anflug, der es doch schafft, kann einfach gejätet werden.

VORBEREITUNG AUFS PFLANZEN

Bevor die Pflanzen in die Erde kommen, muss der Boden aber auf jeden Fall so weit gelockert werden, dass er gut belüftet ist und den Pflanzen ein müheloses Einwurzeln ermöglicht. Meistens wächst auf der zukünftigen Beetfläche auch etwas, das erst einmal entfernt werden muss. Es gibt mehrere Möglichkeiten, um ein Beet pflanzfertig zu machen, die einerseits davon abhängen, was aktuell dort wächst, und andererseits, wie schnell die Fläche pflanzfertig sein muss.

Wer am liebsten alles in ein paar Tagen erledigt haben möchte, wird um das Abziehen des Rasens oder das Entfernen der bisherigen Pflanzung nicht herumkommen. Handelt es sich um Zierrasen, der nicht besonders tief wurzelt, so könnte man den Einsatz eines Sodenstechers in Betracht ziehen – das ist ein Gerät, das Rasen wie Rollrasen abzieht und möglichst viel der wertvollen Humusschicht übriglässt. Diese kann dann entweder klassisch mit dem Spaten gelockert oder mit Hilfe einer Fräse fein zerkrümelt werden. Sollten Sie auf die eigene Körperkraft angewiesen sein, so lohnt sich die Investition in passende Arbeitsgeräte. Mir hat beim Graben neuer Beete eine breite Wegmacherhaue bisher gute Dienste geleistet; damit kann man in einer Pendelbewegung Rasen oder auch Wiese kraftschonend abschälen. Bei vorhandenen Wurzelunkräutern wird eher eine robuste Grabgabel das Mittel der Wahl sein. In allen Fällen sollten Ausläufer unerwünschter Gewächse bis auf die allerletzten Fitzelchen aus dem Boden genommen werden, da sich Nachlässigkeiten in dieser Phase des Projekts am Ende in Stunden oder Tage zusätzlicher Jätarbeit auswirken würden. Also unbedingt auch alle Helfer instruieren, hier wirklich sorgfältig vorzugehen! Gärtnern Sie auf Sand, so sollten Sie mit Ihrer Humusschicht besonders sparsam umgehen und die Rasensoden gut ausschütteln.

Wenn Sie eine ganz arg verunkrautete Fläche urbar machen wollen, so besteht außerdem die Möglichkeit, den zukünftigen Beetbereich mit einer dicken Folie abzudecken. Allerdings ist hier eine Vorlaufzeit von min-

Wer ein Beet neu anlegt, sollte in der unmittelbaren Umgebung besonders aufmerksam jäten. Eine übersehene Raue Gänstedistel reicht aus, um auch im kommenden Jahr ausreichend beschäftigt zu sein.

destens einem halben Jahr einzuplanen. Am besten eignet sich eine UV-beständigen Teichfolie, die man dann öfter für so einen Einsatz verwendet oder nach Abschluss ihrer Dienste für einen kleinen Molchtümpel verbaut. Halten Sie bitte Abstand von günstigen Gewebeabdeckplanen, die meist nach wenigen Wochen an der Sonne in ihre Einzelteile zerfallen. Man bekommt die Plastikfasern nie wieder aus dem Boden und leider werden sie häufig von Vögeln in Nester eingebaut. Darin können sich die Jungvögel verheddern und ihre Zehen oder Beine absterben.

Damit das Abdecken mit Folie zum Ziel führt, sollte der Boden vorher gegossen werden. Danach belässt man die Abdeckung am besten vom Frühling bis in den Herbst auf der Fläche, sodass darunter alle Unkräuter erhitzt werden (geht bei feuchtem Boden rascher) und dann im Anschluss vertrocknen. Danach kann man die Reste des Bewuchses abrechen und die blanke Erde einfach mit einer Gabel lockern. Achtung, falls Sie im Garten Mäuse haben, sollten Sie von Zeit zu Zeit die Plane lüpfen, um den kleinen Nagern die Gemütlichkeit zu verderben.

Von klassischem Umgraben, wie es früher praktiziert wurde – häufig zwei Spaten tief – ist man mittlerweile abgekommen. Ich würde es nur dann empfehlen, wenn der Boden sehr stark verdichtet ist und er daher aufgelockert werden muss und auch, wenn Sand eingearbeitet werden soll. Davon abgesehen ist die zielführendste Bearbeitung des Bodens ein eher langwieriges Vorgehen, bei dem man mit einer Grabegabel die Grasnarbe abhebt, anhaftenden Boden abschüttelt, größere Brocken zerkrümelt und im gleichen Arbeitsschritt Wurzelunkräuter aussortiert. Mit dieser Methode macht man sich außerdem mit dem Boden vertraut, findet trockenere und steinigere Stellen und kann danach auch die Bepflanzung ausrichten. Leider dauert es so doch ziemlich lange, bis ein großes Beet vorbereitet ist, weshalb ich auf diese Art eher bei kleineren Anlagen vorgehe. Sollten Sie mehrere hundert Quadratmeter anlegen wollen, dann ist ein Bagger trotz aller ökologischen Bedenken die bessere Wahl. Erklären Sie am besten vorab schon, worum es Ihnen bei Ihrem Baggervorhaben geht. Es ist eine große Hilfe, wenn die Person im Bagger sich vorstellen kann, was Ihr Ziel ist und dass sie den Rasen so

Am Beginn sehen Kiesbeete immer recht nach Wüste aus, aber dieser Eindruck vergeht zuverlässig innerhalb weniger Wochen! Schon im Sommer sieht man vom Kies kaum mehr etwas.

dünn wie möglich abziehen möchten. Wenn jemand gut baggern kann, gibt es im Umfeld auch keine Schäden; man kann problemlos auch neben schon angelegten Beeten baggern lassen und mit einem leichten Bagger auch über Rasen fahren, ohne ihn zu zerstören (hier kann ausgelegter Karton helfen, in Kurven oder bei Steigungen Rasenquetschungen zu vermeiden).

MIT SAND ZUM BEET

Eine weitere Möglichkeit, um eine Fläche in ein Beet zu verwandeln, besteht in der Aufbringung von Sand, analog zum vorhin erwähnten Abmagern mit Sand. Die aufgetragene Schicht muss den vorhandenen Bewuchs mindestens 20 cm dick bedecken, um ihn am weiteren Wachstum zu hindern und damit zu ersticken. Dann wartet man ein paar Wochen ab und pflanzt schließlich direkt in den Sand. In den ersten Wochen muss man nun sparsam, aber bei Trockenheit doch regelmäßig gießen, um die Pflanzen im Sand einerseits nicht vertrocknen zu lassen, andererseits dazu zu animieren, in die Tiefe zu wachsen. Dort werden sie bald auf den vorhandenen Boden stoßen und dann schlagartig mit dem Wachstum loslegen. Der Vorteil dieser Methode liegt in der raschen Vorbereitungsphase des Beets und dem völligen Vermeiden zeit- und rückenintensiver Umgrabe- und Durchmischungsarbeiten – und in der einfachen Pflege danach, da der Sand Feuchtigkeit im Boden hält, die Oberfläche für Samen aber meist zu trocken ist, um in großer Zahl zu keimen. Und was doch aufkommt, kann spielend leicht gejätet werden. Till Hofmann, der sich mit dieser Methode detailliert auseinandergesetzt hat, empfiehlt eine gute Lösung für den Rand der Beete, da dort die Sandschicht dünner wird und zwischen Rasen, der gemäht wird, und der Bepflanzung dann Unerwünschtes zu sprießen beginnt. Denkbar wäre eine Einfassung mit Brettern, so wie ein kleines Hochbeet. Ich habe bei kleineren Beeten auch schon ringsum einen „Burggraben“ ausgehoben; etwa einen Spaten tief, und diesen dann mit Sand aufgefüllt, so hat man zum Rasen hin eine Pufferzone, die meist deutlich langsamer bewachsen wird. Richtung Beetinneres, das ja durch die Sandaufbringung höher ist, habe ich unregelmäßig Steine gelegt. Weil der Sand mit der Zeit nachsinkt, wird das Beet niedriger und es rieselt dann auch kein Sand mehr nach draußen. Wer die Sand-Methode interessant findet, kann sich bei Peter Korn genauer einlesen, der auf diese Weise nahe Göteborg einen beeindruckenden Garten geschaffen hat.

Planen und anlegen

Bei der Planung gilt es, Fakten mit Kreativität zu einem ansprechendem und auch funktionierendem Ganzen zu verbinden.

Präriesonnenhut und Persischer Öl-Salbei ergeben eine wunderbare Kombination, bei der sowohl Farbe als auch Blütenform einander optimal ergänzen. Beide mögen es sonnig und blühen ab der Sonnenwende.

Ein Beet zu planen, ist eine vielseitige Herausforderung an unser Vorstellungsvermögen und unsere Kreativität. Daher gibt es kein richtiges oder falsches Vorgehen, wie Sie zum Ergebnis gelangen. Für mich steht bei der Planung eines Beets meistens ein Eindruck oder eine Stimmung im Vordergrund, die ich mit der Pflanzung erzielen möchte. Oft ist dafür ein Bild oder auch nur eine Erinnerung an eine Pflanzung das ausschlaggebende Detail, das ich an den Anfang setze. Es ist daher eine hilfreiche Methode, Bilder aus Büchern, Zeitschriften oder dem Internet zu sammeln und dann mit den vorhandenen Bedingungen abzugleichen. Manchmal bleibt dann mangels Winterhärte oder Pflanzenverfügbarkeit nur mehr eine Idee übrig, viel häufiger habe ich mich aber in eine Kombination aus zwei oder drei Pflanzen verliebt, die ich unbedingt nachpflanzen möchte. Rund um diese Kombi, die im Idealfall öfter im Beet vorkommt oder in Varianten an mehreren Stellen wiederholt wird, baue ich den Rest des Beets auf. Auf diese Weise bleibt für mich immer

Mannstreu, Atlas-Schwingel und Steppen-Salbei ergeben eine lange attraktive Kombination, da Gras und Distel auch in den Herbst hinein wirken und der Salbei bei Rückschnitt erneut blüht.

der optische Eindruck im Vordergrund und es fällt mir leicht, andere Pflanzen als passend oder eher nicht so ideal einzuordnen.

WER PASST ZUSAMMEN?

Als Grundidee für benachbarte Pflanzen gilt für mich immer der Kontrast. Dieser kann sich auf den Wuchs an sich beziehen, dann platziere ich rundliche, halbkugelige Pflanzen neben aufrechten, schlanken Arten. Achte ich auf die Blüten, so ordne ich Blütenkerzen zu Dolden, größere Blütenstände neben kleine, filigrane, sodass sie die Pflanzen neben ihnen luftig umspielen. Geht es eher um das Laub, so versuche ich feingliedrige Blätter neben großen, tellerförmigen unterzubringen und silbernes Laub neben grünes; wenn es hübsche Austriebe gibt, beziehe ich auch diese mit ein. Bei Blütenfarben muss jeder für sich entscheiden, was im eigenen Beet den Ton angeben darf. Weil Beete in der Sonne tendenziell eher kleinblütigere Stauden beinhalten, darf es in meinen Beeten durchaus bunt werden – gerade Gelb und Orange, in Verbindung mit Blau und Lila, bringen eine herrlich sommerliche und positive Stimmung in eine Pflanzung. Man muss mit der Anzahl von auffälligen Pflanzen aber gar nicht übertreiben: Ein paar wohldosierte Effekte an einigen Stellen im Beet lockern auch farblich sehr stringente Pflanzungen wohlwollend auf und beleben ein Pflanzenensemble.

Mit dieser Methode entstehen schon am Beginn einer Planungsphase Ideen von Kombinationen, die ich dann auf Pflanzenlisten meistens auch gleich gemeinsam notiere. Gefällt mir eine Gruppe aus Stauden ganz besonders, weil ich etwa ein Bild davon gesehen habe oder gar aus eigener Erfahrung weiß, dass diese gut miteinander funktionieren, dann lasse ich sie in einem Beet öfter vorkommen – in mehreren Hauptgruppen und leicht zerstreut, immer in unterschiedlicher Individuenzahl. Wichtig ist, dass auch diese Hauptkombinationen immer etwas unterschiedlich gepflanzt werden, also einmal in länglichen Gruppen, dann ein Stück voneinander entfernt. Auf diese Wiese wirkt die Pflanzung natürlich und so, als hätten sich die Pflanzen von selbst angesiedelt.

NATÜRLICH VERTEILT

Die gleiche Idee, eine möglichst unabsichtliche Anordnung, verfolgt man mit dem Rat, Blumenzwiebeln einfach ins Beet zu werfen. Wer schon einmal im Herbst durch eine Pflanzung gekrabbelt ist und mit klammen Fingern hunderte Zwiebeln gesucht hat, wird diese Methode nicht unbedingt favorisieren. Ich würde sie nur empfehlen, wenn das Beet noch neu und die Fläche übersichtlich ist. In gewachsenen Beeten oder wenn man nachträglich Zwiebeln ergänzt, sollte man besser mit einem Körbchen in die Pflanzen hüpfen und nach bestem Gewissen unsymmetrisch angeordnete, unterschiedlich weit voneinander entfernte Löcher graben und mal ein, dann zwei oder drei Exemplare näher zusammenzurücken. So sieht es auch natürlich aus und man spart sich den Ärger, im Frühling übersehene und dann zerfrorene Zwiebeln zu finden.

Habe ich die Hauptkombinationen notiert, dann fülle ich mit anderen Pflanzenkombinationen auf. Manchmal sind es nur zwei Stauden, die ich gemeinsam in Blüte gesehen habe und sie deshalb unbedingt testen möchte. Vielleicht handelt es sich um Pflanzen, die zum Standort passen und die Blütenzeiten der anderen, schon eingeplanten Stauden im Frühling oder Herbst ergänzen. Spannend ist es, wenn man mit Pflanzen arbeitet, die zu ganz anderen Zeiten blühen – dann hat man die Chance, innerhalb des Beets noch einmal völlig neue Farben auszuprobieren. Ich denke dabei an *Iris reticulata* im Frühling oder verschiedene Wild-Tulpen, die abseits der Hauptblüte in neuen Farbkombinationen für ein paar Wochen mit üppiger Prächtigkeit überzeugen dürfen.

Zuletzt plane ich Füllpflanzen ein, die mit meist kleineren Blüten gut zum Rest passen und sich problemlos einfügen. *Geranium sanguineum*, der Blutrote Storchschnabel, ist so ein Kandidat oder auch blauer Lein, Kartäuser-Nelken oder Wiesen-Glockenblumen. Einige davon sind Ein- oder Zweijährige, die durchs Beet wandern dürfen und jedes Jahr an anderen Stellen auftauchen werden. Sind sie nicht ohnehin schon Teil einer Kombination, notiere mir zuletzt passende Zwiebelpflanzen, die entweder gleich bei der Pflanzung oder sonst im Herbst ergänzt werden.

Die so entstandenen umfangreichen Listen kürze ich dann ein. Meistens arbeite ich mit Markierstiften und lege fest, auf wen ich keinesfalls verzichten möchte. Dann hebe ich langlebige Leitstauden hervor – man denke an die Strategietypen – und achte darauf, eine ausgewogene Mischung aus verschiedenen Pflanzentypen zu verwenden.

Es spricht nichts dagegen, zwischen Wildpflanzen als Hingucker auch interessante Gartensorten zu verwenden, wie hier die gefüllte Alpen-Astern-Sorte 'Sabine', die schon im Mai blüht.

WIE VIELE PFLANZEN?

Erst wenn die Liste steht, muss man überlegen, wie viele Pflanzen überhaupt gebraucht werden. Es ist schwer, hier eine gültige Faustregel anzugeben, da bei manchen Stauden zwei auf den Quadratmeter schon weitaus genug sind, bei anderen aber durchaus zehn oder fünfzehn Stück benötigt werden, um die gedachte Wirkung zu entfalten. Die Empfehlungen variieren daher nicht besonders hilfreich zwischen zwei und zehn Stück und sind ein weiterer Grund, weshalb man besser bei seriösen Gärtnereien kauft, die den Bedarf realistisch angeben und bei einem Besuch gerne auch beraten oder die Pflanzen versuchsweise aufstellen. Ich pflanze normalerweise eher dicht, halte mich aber bei Beeten mit sonnenhungrigen Stauden immer zurück, da sich diese Pflanzen ja meist an karge Standorte angepasst haben und daher mit zu viel Konkurrenz in Form von Beschattung oder gar Bedrängung in der Regel weniger gut umgehen können. Klar gibt es auch hier robuste Kandidaten – aber manche Pflanzen entwickeln sich generell langsam und es wäre schade, ihnen diese Zeit mit zu knapper Bepflanzung zu nehmen. Wenn man mulcht, ist zudem der offene Boden verdeckt, sodass es nicht die Aufgabe der Pflanzen sein muss, ihn möglichst rasch zu schließen. Man kann daher ruhig auch „lückig“ pflanzen und erst bei Bedarf ergänzen – eine Vorgehensweise, die man in anderen Beeten eher vermeidet.

EINKAUF

Irgendwann, nach langem Planen und dem Erstellen und Verwerfen von Listen wird auch Ihre Pflanzenliste feststehen. Weil manche Pflanzen gar nicht so leicht zu erhalten sind, werden Sie vermutlich schon während der Recherche geschaut haben, wo sie überhaupt angeboten werden. Waren es früher liebevoll gestaltete Kataloge, so finden sich die Sortimente fast aller Gärtnereien nun im Internet – und nicht nur einfach die Listen: Viele Anbieter haben ihre Webshops mit einer Vielzahl an Bildern ausgestaltet, die nicht nur die Pflanzen porträtieren, sondern auch gleich passende Nachbarpflanzen, den Austrieb im Frühling und die

Am Anfang sieht ein Beet immer ziemlich leer aus, das darf einen nicht beirren. Gerade Pflanzen, die es sonnig und trocken mögen, sind Konkurrenz nicht gewöhnt und sollten daher etwas freier stehen.

Auch wenn Bestellen im Internet enorm praktisch ist: Einen Besuch in einer Staudengärtnerei ersetzt es nicht. Meist gibt es neben den Stellflächen inspirierende Schaubeete, wie in der Gärtnerei Sarastro.

Herbstfärbung zeigen. Dazu kommen vielerlei Funktionen, die einen Webshop zu weit mehr als einer bloßen Kaufhilfe machen. Meistens kann man sich Pflanzen vorschlagen lassen, die ähnliche Standorte bevorzugen, dazu kommen weitere Filtermöglichkeiten wie Blütenfarbe, Wuchshöhe, Standfestigkeit und Insektenfreundlichkeit. Viele dieser Webshops bieten außerdem ausführliche Beschreibungstexte zu den Pflanzen, sodass sie schon in der Planungsphase eine wertvolle Hilfe darstellen.

Für welchen Anbieter Sie sich danach entscheiden oder ob Sie mehrere kombinieren, hängt von der Verfügbarkeit der Pflanzen ab – diese sollten Sie auch überprüfen, wenn Sie einen persönlichen Besuch in einer Gärtnerei planen. Gerade bei längeren Anfahrten kann es sinnvoll sein, vorab eine Liste zu übermitteln, um noch rechtzeitig Alternativen überdenken zu können. Gerade seltenere Pflanzen werden meist nicht in hohen Stückzahlen produziert, einige Gärtnereien sind kleine Betriebe und dazu kommen noch die Witterung und andere Einflüsse – es gibt viele Gründe, weshalb Sie Ihr Beet vielleicht erst nach und nach vervollständigen können. Ich erwähne diesen Umstand, weil es Nerven spart, hier flexibel zu sein. Manchmal ist eine Pflanze aus gutem Grund schwer erhältlich und es gibt robustere Alternativen – und ein anderes Mal wird man erst auf diesem Weg auf eine Sorte aufmerksam, die man sonst nie beachtet hätte.

ÜBERLEGUNGEN ZUR PFLANZZEIT

Weil Stauden in Töpfen gezogen werden und so auch das ganze Jahr in der Gärtnerei stehen, kann zu jeder Jahreszeit gepflanzt werden. Im Frühling und Sommer wachsen die Pflanzen rasch an und man bekommt auch gleich Blüten zu sehen, allerdings darf man den Aufwand des dann notwendigen Gießens nicht unterschätzen. Denn auch wenn die eingeplanten Pflanzen trockenheitsverträglich sind, so können sie diese Eigenschaft erst dann entfalten, wenn sich ihr Wurzelsystem voll entwickelt hat. Bis dahin sind regelmäßige Wassergaben unbedingt notwendig.

Bei einer Herbstpflanzung ist die Witterung meist kühler, der Boden aber angenehm warm, sodass die Pflanzen stressfrei ihr Wurzelsystem entwickeln können. Ein Nachteil ist die Gefahr eines strengen Winters, der bei manchen Pflanzen zum Problem werden kann, wenn sie noch nicht ganz eingewurzelt sind. Das betrifft vor allem Warm-Season-Gräser, die bei kühlen Temperaturen ihr Wachstum einstellen und dann nicht mehr ausreichend einwurzeln. Ihnen droht dann Hochfrieren und leider auch Vertrocknen, wenn es im Winter oder Frühling unerwartet lange keinen Niederschlag gibt, das Wurzelsystem aber noch nicht in den Boden eingedrungen ist. Falls Sie schweren, zur Staunässe neigenden Boden haben, sind Herbstpflanzungen ebenfalls gefährlich – aber da dieses Buch ohnehin Pflanzen für trockene

Bei einer Herbstpflanzung können die Blumenzwiebeln gleich mit in den Boden, wodurch die Arbeitsabläufe sehr effektiv sind. Wenn man im September pflanzt, wurzeln auch alle Gräser noch ein.

Plätze zum Thema hat, sollten solche Standorte eigentlich keine Rolle spielen (falls es sich um einzelne Stellen handelt, können Sie mit umfangreicher Drainage, das heißt einem großen Pflanzloch mit ausreichend Splitt unten drin, ganz einfach gegensteuern). Auf leichten Böden ist eine Pflanzung im Herbst weniger aufwendig und es können auch die eingeplanten Zwiebelpflanzen gleich mit in die Erde kommen. Empfindlichere Pflanzen werden im Frühling ergänzt. Der Vorteil einer Pflanzung im Herbst ist das ungestörte Loswachsen der Pflanzen im Frühling, sodass schon in der ersten vollen Saison schöne Eindrücke garantiert sind.

AB IN DIE ERDE

Es ist ein Erlebnis, nach einer Planung dann Leben in ein Beet einziehen zu lassen. Bevor Sie loslegen, sollten Sie die Pflanzen noch einmal gut wässern, um ihnen den Start zu erleichtern und vor allem auch, damit sie es überstehen, falls Sie am ersten Tag doch nicht alle in die Erde bringen. Falls Ihr Beet locker ist oder die Erde recht feucht, hilft ein dünnes, nicht zu schweres Brett. Es dient als Steg für die Bewegung im Beet, ohne zu versinken oder tiefe Tritte zu hinterlassen. Gerade wer viel Aufwand mit der Bodenlockerung und dem Ausgleichen betrieben hat, sollte unnötige Verdichtungen vermeiden.

Und dann geht es los. Wie Sie in diesem Moment tatsächlich vorgehen, hängt vor allem von Ihrer Planung ab: Haben Sie viel Zeit in die Anordnung der Pflanzen investiert und die Pflanzgruppen vorab definiert, sollten Sie diese Planung nicht einfach über Bord werfen, sondern die Pflanzen erst einmal genauso auf der Fläche verteilen. Wertvolle Dienste leistet hier eine laminierte Kopie des Originalplans, auf dem man mit Folienstift (am besten mit Schnur an den Plan gehängt) Änderungen und bereits erledigte Abschnitte auch mit schmutzigen Fingern gut eintragen kann. Steht dann alles an seinem Platz, können Sie nach Herzenslust überarbeiten und umgruppieren.

Falls Sie mit Listen arbeiten und die Pflanzen dann direkt vor Ort spontan arrangieren, kann eine begleitende Skizze ebenfalls helfen,

Der Startvorteil von Stauden, die den Winter über einwurzeln können, ist deutlich erkennbar: Dieses Beet wurde im September gepflanzt und ist zum Zeitpunkt der Aufnahme erst neun Monate alt.

um Verwechslungen oder vergessenen Pflanzgruppen vorzubeugen. Am besten ist, Sie fangen mit den Ihnen wichtigsten Pflanzen an, stellen diese an die zugedachten Stellen und füllen dann mit den restlichen Pflanzen auf. Auf diese Weise erhalten Sie Ihre Lieblingskombinationen und sind flexibel, was die Füllpflanzen anbelangt. Diese sehr intuitive Art der Pflanzung folgt der Idee der Leit- und Begleitstauden und funktioniert besonders gut, wenn man die eingeplanten Stauden alle kennt und ihr Erscheinungsbild im Kopf hat. In Zeiten von Smartphones und Tablet darf man es sich aber auch dann zutrauen, wenn man noch nicht mit allen Pflanzen per Du ist, denn es kann innerhalb von Sekunden recherchiert werden.

Wenn alle Pflanzen an ihren Plätzen sind, das Beet gut gefüllt wirkt und man mit seinem Schaffen zufrieden ist, geht es ans Einpflanzen. Stauden werden immer etwa gleich tief in die Erde gepflanzt, wie sie vorher im Topf gestanden sind; maximal 1–2 cm tiefer. Sollte Mulch geplant sein, kommt dieser dazu und darf die Pflanzenhälse dann auch ein Stück weit versinken lassen. Um den Pflanzen das Einwurzeln im Boden zu erleichtern, lockern Sie unbedingt die Wurzelballen! Es ist kein Schaden, wenn dabei ein paar Wurzeln ein- oder abreißen – viel größer ist die Gefahr, wenn Pflanzen den bisherigen Wurzelballen nicht verlassen wollen, keine tiefen Wurzeln bilden und dann weder besonders gut wachsen noch mit Trockenheit klarkommen. Um das zu verhindern, sollten Sie das anhaftende Substrat gut aus dem Wurzelballen herausschütteln und die Pflanzen dann erst in den Boden zu setzen. Diese Vorgehensweise verhindert, dass sich beim Gießen des Beets nur das meist sehr aufnahmefähige Topfsubstrat vollsaugt und die Pflanze rund um ihre Wurzeln die meiste Feuchtigkeit vorfindet. In diesem Fall wird sie sich mit dem Treiben von Tiefenwurzeln nicht besonders beeilen und Sie wundern sich, wenn die Pflanzen selbst nach Monaten immer noch auf häufige Wassergaben angewiesen sind. Je trockener

Es ist anzuraten, Beete mit der Pflanzung oder unmittelbar danach zu mulchen, um den Anflug aus der Umgebung und die Keimung von Samen im Boden einzubremsen und das Jäten zu erleichtern.

Ihr Boden ist, desto wichtiger ist das Ausschütteln des Substrats. Es ist in jedem Fall ratsam, die Wurzeln aufzulockern, sie in direkten Kontakt mit der neuen Erde zu bringen und auf diese Weise dazu zu animieren, gleich richtig loszuwachsen. Bei sehr dicht durchwurzelten Ballen – die im Übrigen auf überständige Pflanzen und daher eher schlechte Qualität hinweisen – ist es sogar sinnvoll, die Wurzeln aufzuschneiden und damit die Pflanze zu neuem Wurzelwachstum zu animieren..

DIE ERSTE ZEIT MIT DEM NEUEN BEET

In den ersten Wochen nach der Pflanzung kann es auch bei optimaler Versorgung sein, dass eine Pflanze oberirdisch nur wenig Zuwachs zeigt. Solange das Laub vital aussieht, läuft alles nach Plan. Sobald die Wurzeln tiefere Erdschichten erschlossen haben, wird die Pflanze loswachsen – und robust genug sein, um nach und nach mit weniger Wasser auszukommen. Es ist auch nicht nötig, ständig zu gießen, sondern wirklich nur, um ein Vertrocknen zu verhindern. Vorsicht übrigens, wenn Pflanzen im Frühsommer an den ersten heißen Tagen tagsüber schlapp aussehen: Pflanzen reagieren auf diese Art spontan auf Hitze. Sie richten sich nachts, bei kühleren Temperaturen, auch ganz ohne Wassergabe wieder auf. Bei starker Sonneneinstrahlung und höheren Temperaturen sollte man daher nicht erschrecken – das passiert besonders oft nach längeren Regenphasen im Mai und Juni, wenn alles wie wild gewachsen ist und die neuen Blätter viel Oberfläche bieten, aber noch nicht an die Sonne gewöhnt sind. Normalerweise pendelt sich dieses Problem nach ein paar Tagen ohne unser Zutun wieder ein, wobei es einzelne Stauden gibt, die im Sommer um die Mittagszeit immer mal etwas schlapp aussehen. Dazu zählen zum Beispiel der robuste Balkan-Storchschnabel (*Geranium macrorrhizum*), der auf diese Weise die Sonneneinstrahlung auf sein Blattwerk verringert. Wo man jedoch sofort um Wasser laufen sollte, sind neu eingesetzte Pflanzen, die hängen. Sie sind aus dem Wurzelballen vermutlich noch nicht hinausgewachsen und womöglich auch durch Gießen in der Gärtnerei verwöhnt worden. Hier kann es innerhalb weniger Stunden Schaden geben, weshalb regelmäßiges Kontrollieren und bei Bedarf auch Gießen selbst bei trockenheitstoleranten Pflanzen angeraten ist.

Bei starken Hitzewellen direkt nach der Pflanzung und gerade bei empfindlichen Pflanzen sollte man eine Beschattung in Betracht ziehen. Diese wird vor allem dann nötig, wenn man bereits weit ausgetriebene Pflanzen umpflanzt. Als ersten Schritt reduziert man einen Teil der Blattmasse durch Rückschnitt, damit das Verhältnis der Wurzeln zum Blattwerk wieder hergestellt wird. Weil durch das

Ausstechen immer Wurzeln verlorengehen, sollte man zumindest die Hälfte des Laubs entfernen. Oftmals reicht das aber nicht aus und die Pflanze leidet bei Sonne trotzdem stark. In solchen Fällen kann ein aufgespannter Sonnenschirm helfen – oder man steckt ein paar Stäbe in die Erde und befestigt mit Wäscheklammern ein leichtes Tuch daran. Ein derartiger Sonnenschutz ist schnell aufgestellt und auch wieder entfernt!

Stockrosen wurzeln tief und ertragen dann trockene Standorte, wie hier nahe am Haus. An heißen Tagen sehen aber auch sie schlapp aus – dafür sind sie dort weniger anfällig für Malvenrost.

MULCHEN – EINE SINNVOLLE UNTERSTÜTZUNG

Ob Mulch notwendig ist, um einen Garten pflegeleicht zu gestalten, daran scheiden sich die Geister. Die Bedeckung von Boden mit (Fremd-)Material ist in den meisten Gärten nicht die Folge ökologischer Überlegungen, sondern vor allem eines: praktisch. Es spart Zeit, weil so der Anflug unerwünschter Pflanzen reduziert wird. Für trockene Standorte ergeben sich aber einige weitere Vorteile, weshalb ich meine Trockenbeete alle gemulcht habe.

Betrachtet man die Naturstandorte vieler Pflanzen, so gibt es nur im Umfeld von Gehölzen natürlichen Mulch, der in Form von Laub, kleinen Ästchen und Samenhüllen von den Bäumen fällt. Dadurch entsteht humoser, weicher Waldboden, der Feuchtigkeit speichert und einen ganz speziellen Lebensraum bildet. Nun davon auszugehen, dass es auf sonnigen Freiflächen keinen Mulch gäbe, ist aber zu kurz gegriffen: Weil in der Natur Pflanzen nicht geschnitten werden, sondern einfach welken und umknicken, mulchen sie sich auf diese Weise selbst. In der Hochgras-Prärie und den heimischen Hochstaudenfluren, deren Vertreter üppig belaubt und hochwachsend sind, entsteht dadurch sogar ein Konkurrenzvorteil, da im direkten Umkreis älterer Pflanzen aufgrund ihrer welken Reste vom Vorjahr keine anderen Pflanzen aufkommen können. Dazu werden die Reste langsam zersetzt und stehen den Pflanzen wieder zur Verfügung, sie bedecken den Boden und verhindern Ausschwemmung sowie extreme Temperaturschwankungen – nicht zu vernachlässigen ist auch der ökologische Nutzen solcher Mulchdecken, in denen Tiere Verstecke finden. Umgelegt auf den Garten wird so klar, warum die meisten Beetpflanzen mit Mulch gut klarkommen und dann besonders gut gedeihen. An mageren Standorten wachsen die Pflanzen dagegen weniger hoch. Sie haben weniger Laub, sodass nach dem Winter kaum etwas davon übrig bleibt und die letzten Reste oft sogar vom

Wind davongeweht werden und sich an Steinen oder in Senken sammeln. Pflanzen, die an solche Bedingungen gewöhnt sind, wären mit einer organischen Mulchdecke aus Laub, Holzhäcksel oder Grasschnitt nicht besonders glücklich.

Das Mulchmaterial sollte also unbedingt abhängig von den verwendeten Pflanzen gewählt werden. Dem allseits verwendeten Rindenmulch sollte man generell eine Absage erteilen: Durch den hohen Anteil an Gerbsäuren wirkt er wachstumshemmend, was in Bezug auf Unkraut zwar begrüßenswert ist, aber leider auch auf unsere Beetpflanzen ungünstige Auswirkungen hat. Als Alternative verwende ich in meinen Gärten in den ganz normalen Beeten Hackschnitzel. Weil sie nicht nur aus Rinde, sondern dem ganzen Holz bestehen und zudem nicht nur aus Nadelholz, ist ihr Gerbstoffgehalt viel geringer. Das merkt man schon am kaum vorhandenen Geruch und der helleren Farbe. Ausgestreut, werden die hellbraunen Holzteilchen rasch grau und fallen dann auch optisch nicht mehr auf. Generell sind Beläge aus Holzhäcksel, Staudenschnitt und Laub aber nur für Pflanzengruppen geeignet, deren natürlicher Lebensraum in Kontakt mit diesen Materialien steht, in diesem Fall also für Wald- und Waldrandstauden.

In unserem Fall, beim Bepflanzen trockener Standorte, wäre solch langsam verrottendes Material kontraproduktiv. Pflanzen aus dem Hochgebirge oder dem mediterranen Raum würden mit Laubauflagen oder Holzhäcksel zu feuchte Bedingungen erhalten. Sie sind ohne organischen Mulch besser dran, denn besonders in warmen, feuchten Frühlingsmonaten steigt die Gefahr von Fäulnis und Pilzerkrankungen gerade bei Pflanzen, die an steinige, rasch abtrocknende Standorte mit gutem Wasserabzug angepasst sind. Das ist auch der Grund, warum man im Frühling herbeigewehtes Laub und größere Mengen an welken Pflanzenresten aus Trockenbeeten besser entfernen sollte.

Pflanzen von trockenen Naturstandorten sind daher am glücklichsten, wenn man analog zu ihrer Heimat mineralischen Mulch verwendet, um den durchlässigen, niemals matschigen Charakter dieser Standorte nachzuempfinden. Das kann entweder Sand sein oder, was üblicher ist, Splitt (gebrochen) oder Kies (runde Steine).

Hier wurde der Mulch nach dem Pflanzen noch nicht nachgebessert. Sind die Pflanzen schon so weit wie am Bild, sollte man schleunigst nachstreuen, um sich Jätarbeit zu sparen.

So entwickeln sich Pflanzen wie die Lotwurz, die aus trockenen Regionen stammen, am besten: Auf durchlässigem Boden und mit dicker Kiesmulchschicht, die auch nach Regen rasch abtrocknet.

Ich arbeite bei Kies am liebsten mit kleinen Korngrößen (4–8 mm, vorne rechts), weil er beim Graben am wenigsten stört. 20–40 mm (hinten) klappt auch noch gut, bei 32–50 mm (links) wird es schon schwierig.

Solches Material führt zu einem raschen Abtrocknen der Beetoberfläche, hält die „Hälse" der Stauden trocken und verringert gleichzeitig die Verdunstung von Wasser aus dem Boden. Auf diese Art können Trockenkünstler feuchte mitteleuropäische Winter besser überstehen und sind auch für sommerliche Dürreperioden bestens gewappnet.

KIESMULCH FÜR TROCKENBEETE

Ob sie sich für Kiesmulch entscheiden, ist für viele vor allem eine optische Frage. Dabei erleichtert Splitt auch das Jäten von unerwünschtem Aufwuchs, ermöglicht ein einfaches Betreten der Beetfläche und kann auch einen Vorteil bei der Abgrenzung zu Wegen oder Wiesenflächen mit sich bringen, da man sich Kantensteine oder andere Begrenzungen erspart. In die Entscheidung sollte auch die Beschaffenheit der Umgebung mit einfließen: Gärtnern Sie in einem Innenhof, der den Anflug von Pflanzen von außerhalb unwahrscheinlich macht, dann können Sie es auch ohne Mulchauflage probieren. Befindet sich Ihr Garten jedoch in Nachbarschaft von Wiesen, Weiden, Brachland oder samenschleudernden Gehölzen, so können Sie mit einer Mulchauflage viel Zeit sparen – zum einen, indem Sie das Keimen von Pflanzen erschweren, und zum anderen, indem das Jäten vom zeitintensiven Unkrautstechen zu einem einfachen und vor allem ziemlich erdlosen Herausziehen wird.

Welches Material Sie wählen und welche Korngröße die beste ist, hängt von Ihren Ansprüchen ab. Am einfachsten (und günstigsten) ist es in der Regel, regionales Material zu verwenden. Gehen Sie unbedingt zu einem Kieswerk oder Schotterhändler. Die Säcke aus dem Baumarkt, selbst wenn es Bigbags sind, sind im Vergleich um ein Vielfaches teurer. Bei der Auswahl sollte man sich nicht nur an der Optik orientieren: Als praktisch für spätere Grabearbeiten haben sich Korngrößen zwischen 4 und 8 mm, maximal aber bis 16 mm erwiesen. Alles darunter wird rasch in den Boden eingewaschen und muss nach kurzer Zeit nachge-

Wird Mulch zu sparsam verwendet – oder nur als optischer Feinschliff dünn aufgestreut – verfehlt er seine Wirkung und sowohl Beetpflanzen als auch andere werden in großer Zahl keimen.

bessert werden, alles darüber verdrießt einen, wenn man mit der Handschaufel Löcher graben möchte und ständig auf störende Steine stößt.

Nicht unterschätzt werden darf der Mengenbedarf bei mineralischem Mulch – und sein Gewicht, was selbst bei kleinen Beetgrößen die Kapazitäten üblicher Pkw-Anhänger bei Weitem übersteigt. Denn um eine vernünftige Mulchwirkung zu erzielen, sollten mindestens 6 cm, besser aber 10 cm oder noch mehr Mulch eingeplant werden – das ergibt bei einem größeren Beet eine ganze Menge, die vor der Verteilung erst einmal gelagert werden muss. Und so schön ein frisch gemulchtes Beet auch ist, so hübsch bleibt es meist nicht lange. An Stellen mit zu dünner Auflage, bei Umpflanzarbeiten, Jäten, durch grabende Mitbewohner im Garten, durch Hochfrieren, bei Starkregen und nicht zuletzt durch Regenwürmer, die den Boden durchmischen, verschwindet auch eine mineralische Mulchschicht, die sich ja eigentlich nicht auflösen kann, nach und nach im Boden. Wer Platz im Garten hat, sollte daher etwas mehr Kies bestellen als notwendig und irgendwo einen kleinen Haufen zurückbehalten, mit dem man auftauchende Lücken leicht ausbessern kann.

Wenn Sie Kies nachbestellen müssen, nehmen Sie am besten ein Glas mit dem verbauten Material mit ins Kieswerk, um sicherzustellen, dass Sie wieder die gleiche Körnung erhalten. Je nachdem, wieviel Störung ihr Beet ausgesetzt ist und wie stark die Niederschläge sind, ist alle zwei bis vier Jahre mit notwendigen Ausbesserungsarbeiten an der Kiesauflage zu rechnen. Versprechungen von verschiedenen Seiten, mit Mulchfolien oder Unkrautvliesen diesem Problem Abhilfe zu verschaffen, ignorieren Sie bitte. Abgesehen von der ökologischen Fragwürdigkeit ist auch die längerfristige Wirkung nicht gegeben – denn Humus bildet sich so oder so zwischen den Steinen und nach einiger Zeit werden Pflanzensamen dann einfach *auf* der Auflage keimen und sich mit dieser verwurzeln, was Jäten zur Schwerstarbeit macht. Für die Art von Beeten, die in diesem Buch vorgeschlagen werden, ist außerdem die Aussaat von Stauden ganz wesentlich – und diese würde mit der Verwendung von Vliesen oder Folien völlig unterbunden. Altern die Pflanzen in den geschnittenen Löchern dann und vergreisen, so können sie sich nicht durch Aussaat verjüngen und das Beet verkümmert mit der Zeit. Im öffentlichen Grün sieht man dann häufig Gras in den eigentlich für Stauden vorgesehenen Löchern wachsen, während die ursprüngliche Beetbesetzung längt nicht mehr zu finden ist.

Natürlich hat auch mineralischer Mulch nicht nur Vorteile. Vor allem erfordert seine Verwendung ein geplantes Vorgehen. Falls Sie nach dem Aufbringen der Mulchdecke noch Pflanzen ergänzen möchten, so achten Sie unbedingt darauf, dass nicht unnötig Erde über den Mulch gerät. Leider passiert es oft, dass man ein Pflanzloch aushebt, die Pflanze ins Loch stellt und mit der eben ausgehobenen Erde das Pflanzloch zuschiebt. Weil die Erde aber nun genau um das Volumen des Topfes zu viel ist, befindet sich am Hals der Pflanze zu wenig Mulch und Unkräuter, die aus der Umgebung einwandern, finden genau an den Pflanzen die besten Bedingungen vor – wo sie leider am schlechtesten gejätet werden können und kleine Stauden am schnellsten bedrängen oder gar ersticken. Um das zu verhindern, sollten Sie die bei der Pflanzung anfallende überschüssige Erde immer in einem Kübel aus dem Beet entfernen und rund um die Pflanze mit etwas zusätzlichem Mulchmaterial aufschütten. Das gilt besonders für die nachträgliche Pflanzung von Blumenzwiebeln. Weil es mühsam sein kann, mit Erd-, Mulch- und Zwiebelgefäß durchs Beet zu robben, lohnt es sich definitiv, die Stauden und Blumenzwiebel in einem Pflanzdurchgang im Herbst zu setzen und erst dann die Mulchschicht aufzutragen. Überhaupt ist Mulchen, gerade bei mineralischem Mulch, im Winter am einfachsten: Man kann dann ohne Rücksicht auf Pflanzen oder Austriebe durchs Beet gehen und das schwere Material einfach mit der Schaufel übers Beet verteilen. Während der Vegetationszeit empfiehlt sich entweder vorsichtiges Verteilen mit einer handlichen Schaufel oder das „Verschütten“ des Splitts mit Hilfe eines kleinen Kübels, so ergibt sich auch eine gleichmäßigere Verteilung. Wer ganz vorsichtig sein möchte, verstreut das Material mit beiden Händen – so mache ich es in der Nähe empfindlicher, bruchgefährdeter Gewächse.

Einen weiteren Pluspunkt hat Mulch noch: Er verhindert, dass bei starkem Regen Erde an die Blüten spritzt, was besonders bei Frühblühern doch stören kann – und vermindert so auch die Ausschwemmung von Boden, was gerade bei leichten, sandigen Böden auf jeden Fall ein Ziel sein sollte.

KOMPLETT OHNE MULCH – ÖKOLOGISCH WERTVOLL

Falls Sie sich gefragt haben: Natürlich klappen auch Beete ganz ohne Mulch. Sie sind aber meiner Erfahrung nach aufwendiger in der Pflege, da Feuchtigkeitsschwankungen weniger abgefedert werden. Der aus meiner Sicht größte Nachteil ist, dass die Erde an der Oberfläche sehr stark austrocknet, sodass sie bei Regengüssen Wasser nur schwer aufnehmen kann. In abschüssigen Lagen wird zudem die wertvolle Humusschicht leicht ausgeschwemmt.

Aus ökologischer Sicht ist der Verzicht auf Mulch eine spannende Sache: Bodenbrütende Wildbienen und viele weitere Insekten, die im Boden leben und sich dort auch vermehren, freuen sich über Stellen im Garten, wo der Rohboden erreichbar ist. Hummeln etwa legen gerne dort ihre Nester an. Wer das Experiment wagen möchte, sollte es an einer gut zugänglichen Stelle versuchen, die man öfter im Blick hat. Denn offener Boden wird sofort von Pflanzen besiedelt und muss daher ständig gejätet werden. In Rücksicht auf die Bodenbewohner sollten Arbeiten möglichst sanft und vorsichtig erfolgen, weshalb Trittsteine im Beet wertvolle Dienste leisten. Statt Pflanzen aus der Erde zu ziehen und den Boden zu stören, sollten sie vorsichtig möglichst tief unten gekappt werden.

Und dann heißt es beobachten! Wer ein solches Biotop anlegt, wird vielleicht auch mit großen Stücken Totholz ergänzen und eine kleine Steinmauer aufschichten – so bieten Sie unterschiedliche Lebensräume und werden bald neue Arten entdecken.

Keine Angst vor Ausläufern: „Laufende" Stauden wie der Silbrige Beifuß oder auch Echtes Labkraut können leicht gebremst werden, indem man im Frühling überzählige Triebe aus dem Boden zieht.

Längerfristige Pflege

Nach der Pflanzung besteht die wichtigste Pflegemaßnahme im sinnvollen Gießen – und im geduldigen Warten.

Manchmal dauert es recht lange, bis Pflanzen loslegen, andere hingegen scheinen von Tag zu Tag größer zu wachsen. Wenn Sie im Frühling gepflanzt haben, wird bis zum Sommer schon einiges zu sehen sein – wirklich eingewachsen ist ein Beet aber erst nach zwei, drei Jahren.

VERÄNDERUNGEN AKZEPTIEREN

Wichtig ist auch, sich gleich von Anfang an mit der Dynamik einer Pflanzung anzufreunden. Weil sich Pflanzen unterschiedlich rasch entwickeln und manche generell nicht alt werden, ist es unwahrscheinlich, dass Ihr Beet jedes Jahr exakt gleich aussehen wird – auch wenn man sich das so wünschen würde, vor allem dann, wenn ein Beet gelungen ist. Manche Stauden bauen schon nach zwei Jahren wieder ab, während andere erst nach vier, fünf Jahren volle Präsenz zeigen. Dazu kommen Pflanzen, die sich selbst aussäen und unerwünschte Mitspieler wie Schnecken, Mäuse, Unwetter, Spätfrost, Nachbarkatzen, spielende Marder, Pilzerkrankungen oder andere, für das problemlose Pflanzengedeihen verhängnisvolle Ereignisse. Sorgfältig ausgewählte Pflanzen und vor allem eine Vielfalt an unterschiedlichen Pflanzen im Beet

Das dunkellaubige Eisenkraut 'Bampton' ist auf manchen Böden recht keimfreudig. Hier kann rechtzeitiger Rückschnitt viel Arbeit ersparen – und sorgt auch gleich für neue Blüten.

helfen, Lücken zu vermeiden und sowohl über die Jahreszeiten als auch über die Jahre hinweg immer genug vitale, blühende Pflanzen im Beet zu haben. Dass das so ist, setzt aber auch voraus, Aussaat zuzulassen, nicht immer alles Verblühte sofort abzuschneiden und umsichtig mit Sämlingen umzugehen. Da sich dieses Wissen erst mit den verwendeten Pflanzen einstellt, kann es natürlich auch zu Zwischenfällen kommen. Nicht nur einmal habe ich ersehnte Sämlinge gejätet, weil ich einfach nicht wusste, wie diese aussehen. Hier ist das Internet einmal mehr eine große Hilfe, da man kleine unbekannte Neuentdeckungen rasch bestimmen kann.

Starke Aussaat muss trotzdem moderiert werden. Dafür schneidet man entweder einen Teil der Samenstände noch vor der Reife ab – Achtung, hier sind Erinnerungen im Kalender hilfreich – oder jätet ein Zuviel an Sämlingen rigoros weg. Sie werden nach dem ersten Sämlingsgate, bei dem Sie zu zögerlich waren, sicher bald lernen, angemessen abzuwägen. Es hängt nämlich vor allem vom Boden ab, ob überhaupt viele Samen keimen oder die erscheinenden Keimlinge auch durchkommen. In einem meiner Gärten keimen zum Beispiel gefühlt alle Samen von Zierlauch, ohne aber je zu einer Zwiebel heranzuwachsen. Sie verschwinden einfach wieder. Woanders wird dagegen aus jedem Samen eine blühende Pflanze, egal, wo dieser keimt, also leider auch mitten in anderen Stauden und in den Fugen von Trittplatten. Hier ist es sinnvoll, auf den Winteraspekt der *Allium*-Samenstände zu verzichten, um sich die Arbeit des Jätens zu ersparen.

Aber auch bei einem ganzen Rasen aus Sämlingen, wie er im April manchmal rund um stark aussäende Pflanzen wie manche Katzenminzen zu sehen ist, müssen Sie nicht sofort erschrocken alles umgraben. Meistens überleben nur wenige dieser vielen Sämlinge die ersten paar Wochen – und selbst wenn, so können Sie die Flä-

Die Samenstände des Schnittlauchs sind eine Zierde – wer aber weiß, dass keine Sämlinge erwünscht sind, sollte vor der Samenreife an einen Rückschnitt denken. Leider werden Sämlinge der hübschen Farbsorten meist lila.

Das Rosmarin-Weidenröschen, aufgenommen in den Abruzzen, blüht als eine der wenigen Pflanzen im heißen August. Es ist auch ein Geheimtipp für wirklich trockene Stellen in unseren Gärten!

chen, an denen die Pflanzen unerwünscht sind, am Morgen eines heißen, sonnigen Tages harken. Das ist übrigens der einzige Fall, in dem ich im Garten harke. Im Idealfall verdorren schon beim ersten Durchgang die meisten Sämlinge und man muss nur mehr wenige mit der Hand entfernen.

Sollte ein schon älteres Trockenbeet in eine Hitzewelle geraten, heißt es Ruhe bewahren. Es ist nicht notwendig, aus Mitleid zu gießen, denn fast alle Stauden, die hier vorgestellt werden, sind Hitze gewöhnt. Meist beginnen sie nach ein paar Tagen zu schlappen und falls dann kein Regen kommt, wechseln sie in den Überlebensmodus. Das bedeutet in den meisten Fällen, dass sie nicht unbedingt notwendige Aktivitäten (wie das Blühen bei mehrjährigen Pflanzen) einstellen und Blüten und Stängel vertrocknen. Bleibt der Regen noch länger aus, welken manche Stauden zur Gänze und man könnte denken, das sei es nun gewesen. In Wirklichkeit haben sie sich in den Wurzelstock zurückgezogen und erscheinen oft schon im Herbst, spätestens aber im Frühling wieder frisch und fröhlich. Wer skeptisch ist: Die gesamte Flora des Mittelmeerraums funktioniert so, denn auf üppige Frühlingsblüten folgen stets verdorrte Sommermonate ohne ein grünes Blatt. Voraussetzung, sich auf diese Abläufe verlassen zu können, ist die Verwendung von „geübten" Pflanzen – und dass diese mindestens eine Saison lang, besser länger, einwachsen konnten.

NOTWENDIGER SCHNITT

Weil ein gepflanztes Beet im weitesten Sinn eine Wiese ist, besteht der einzig wirklich notwendige Pflegedurchgang in einem Rückschnitt nach dem Winter – und selbst hier kann diskutiert werden, denn viele Stauden würden auch ohne diesen Schritt gedeihen. Neben dem ungewohnten Aussehen würden sich üppigere Pflanzen auf die Dauer durchsetzen und die Reste der Vorjahre den Boden so dicht bedecken, dass kaum mehr Selbstaussaat vorkäme. Kurzlebige Stauden würden in so einer Pflanzung nach wenigen Jahren verschwunden sein.

Falls Sie Ihr Beet öfter als nur im Frühling schneiden möchten, tun Sie das! Einige Stauden blühen erneut, wenn sie nach der Blüte zu einem Neuaustrieb angeregt werden; andere bekommen frisches Laub, wodurch sie bis zum Winter ordentlicher aussehen. Für mich hat sich spontanes Zurückschneiden, je nach Situation und Wuchsverhalten, als geeignet herausgestellt: Ich schneide ab dem Frühsommer alles weg, was für mich unschön ist oder stört. Empfehlenswert ist, wie erwähnt, auch das Entfernen von Samenständen, die sich besser nicht zu üppig aussäen sollten – und das Verschonen von allen, die man gerne in größerer Zahl hätte. Alles, was auch den Winter über stabil und zierend ist, darf bleiben – also alle aufrechten, verholzten Blütenstände. Manchmal gibt es Sommergewitter, wo ansonsten stabile Pflanzen umkippen. Leider sind Versuche, solche umgefallenen Pflanzen wieder aufzurichten, meist nicht von Erfolg gekrönt, daher beschränke ich meine Rettungsversuche mittlerweile auf Stauden, die noch blühen oder erst blühen werden – alles andere wird abgeschnitten. Aber auch hier kann man differenzieren: So vertragen es viele Stauden überraschend gut, einfach um die Hälfte zurückgeschnitten zu werden. Auf diese Weise entstehen keine unschönen Lücken im Beet, aber gleichzeitig kann man unordentliches Gewusel im Zaum halten. Zum Glück sind Pflanzen, die in trockenen Böden stehen, um ein Vielfaches stabiler als ihre gut genährten Kollegen im klassischen Beet. Es ist also abseits des spätwinterlichen Gesamtrückschnitts meist nicht notwendig, im Kiesbeet stundenlange Schnittdurchgänge einzuplanen. Meist reicht es aus, dort und da Unschönes abzuzwicken.

WANN GREIFT MAN EIN, WANN LÄSST MAN WACHSEN?

Ein gelungenes Beet zeichnet sich für die meisten dadurch aus, dass es über einen langen Zeitraum Blüten zeigt, schöne Zusammenstellungen beinhaltet und rund ums Jahr Freude macht. Da man einer Pflanzung nicht ansieht, wieviel Aufwand zu ihrem Gedeihen notwendig ist, haben viele Gartenfreunde den Eindruck, ihre Beete würden nicht so gut funktionieren, wenn sie ständig jäten und umpflanzen müssen. In Wahrheit ist es äußerst unwahrscheinlich, dass wirklich schöne Staudenbeete mit nur wenig Pflegeaufwand zu solchen geworden wären. Beete, die natürlich wirken und den Pflanzen Selbstaussaat zugestehen, müssen immer moderiert werden. Es ist daher hilfreich, ein Beet in den ersten Jahren öfter aus dem gleichen Blickwinkel zu fotografieren, um herauszufinden, welche Bereiche sich verändern. Bei einigen Pflanzen ist vorprogrammiert, dass sie mit der Zeit mehr oder

Hier sind Sämlinge des bereits erwähnten dunkelblättrigen Eisenkrauts gekeimt. Nun hilft entweder kräftiges Rechen an einem heißen Tag – oder klassisches Jäten, das im Garten immer wieder nötig ist.

weniger zum Beeteindruck beitragen werden. Raschentwickler, wie Astern, Storchschnäbel oder alle zweijährigen Pflanzen bilden am Anfang oft üppige Eindrücke und verlieren dann von Jahr zu Jahr an Einfluss. Möchte man das verhindern, so sollte man diese Pflanzen nach zwei, drei Jahren teilen, neu einpflanzen oder gegebenenfalls sogar nachkaufen. Viel entspannender ist es natürlich, ein Beet nicht als fixe Einheit zu verstehen, sondern als dynamische Gruppe von Pflanzen, die in immer unterschiedlicher Besetzung zusammenspielen. Selbstverständlich ist es kein Widerspruch, beide Zugänge zu verfolgen und seine Lieblingspflanzen, die leider kurzlebig sind, immer mal wieder einzubringen und dem Rest der Pflanzung freien Lauf zu lassen. Gerade bei kurzlebigen Pflanzen und Zweijährigen kommt es immer mal wieder zu stärkeren Vermehrungsphasen und Jahren, wo weniger Sämlinge auflaufen. Insofern erfordert auch ein Massenauftreten von Fingerhut, Atlas-Mohn oder blauem Lein keine sofortige Intervention.

Was man allerdings schon im Blick haben sollte, sind in den ersten Jahren eines Beets jene Pflanzen, die bekanntermaßen länger für ihre Entwicklung brauchen. Interessanterweise verhalten sich Pflanzen in Gärten unterschiedlich. Es kann also sein, dass manche Stauden bei Ihnen länger brauchen, um ihre übliche Höhe zu erreichen. In solchen Fällen ist es gut zu wissen, dass da noch jemand wächst, um rechtzeitig einzugreifen, wenn der nächstbeste Natternkopf oder eine üppige Wilde Möhre ihre raumgreifenden Blattrosetten genau über diese Pflanze ausbreiten wollen. In einem meiner Kiesbeete wächst eine mittlerweile riesige Indigolupine (*Baptisia australis*), die im Frühsommer der Hingucker schlechthin ist und das Beet über Wochen dominiert. Wie ich auf Fotos erst im Nachhinein rekonstruieren konnte, war diese Pflanze in den ersten drei Jahren des Beets kaum sichtbar, produzierte erst nach zwei Jahren eine Blüte und nach drei Jahren eine Handvoll mehr. Wäre sie in dieser Zeit überwuchert worden, hätte ich sie verloren, bevor sie so richtig hätte loslegen können. Nach drei, vier Jahren, wenn die meisten Stauden über eine gewisse Konkurrenzstärke verfügen, ist das dann nicht mehr so heikel. Bis dahin sind

Neben der möglichen Aussaat sollte auch der Winteraspekt im Hinterkopf behalten werden. Die meisten Stauden sind vier, fünf Monate in Winterruhe: In dieser Zeit zieren nur ihre welken Reste.

Einjährige und kurzlebige Stauden wie Weißer Wau müssen manchmal außerhalb einer Pflanzung herangezogen werden, weil in eingewachsenen Beeten der Platz und die Bedingungen für Selbstaussaat knapp werden..

leichte Lenkung und zurückhaltendes Jäten die einfachsten Methoden, um Enttäuschungen und Pflanzenverluste zu vermeiden.

Manchmal müssen Pflanzen auch gerettet und umgepflanzt werden. Entweder weil man sich mit den Abständen verschätzt hat – im Topf sehen Stauden ja immer recht zart aus – oder, auch das gibt es, weil der heimische Boden den Nachbarstauden scheinbar so gut gefällt, dass sie sich um ein Vielfaches rascher entwickeln als gedacht. Möchte man dieses gesunde Wachstum für sein Beet nutzen, so ist es häufig die bessere Wahl, den zufriedenen Pflanzen das Feld zu überlassen und die anderen Pflanzen umzusetzen oder sie in einem extra Beet eine Saison lang zu Kräften kommen zu lassen. In großen Staudenpflanzungen ist so ein Schwund einkalkuliert; im Hausgarten darf man aber ruhig auch einzelne Pflanzen retten.

UND DAS JÄTEN?

Leider lässt sich auch mit cleversten Mulchmaßnahmen nicht verhindern, dass in einem Beet unerwünschte Pflanzen auftauchen. Gerade an sonnigen Standorten, wo überall im Beet genug Licht ist, keimen Samen sehr zuverlässig. Aus diesem Grund ist das Arbeiten mit Sand und Splitt als Mulchschicht solch eine große Hilfe: Alles, was dann trotzdem noch keimt, kann man einfach aus der Erde ziehen. In meinen Beeten sind es Pflanzen aus den Wiesen der Umgebung, die mit den Bedingungen gut klarkommen und auch in Beeten immer wieder auftauchen. Neben Löwenzahn und seiner Verwandtschaft sind es vor allem Spitzwegerich, Hopfenklee und verschiedene Lattich-Arten – aber das ist je nach Garten und der vorhandenen Samenbank im Boden und den umgebenden Flächen ganz unterschiedlich. In Kiesbeeten ist es wichtig, den Wurzelballen als Ganzes aus dem Boden zu heben und nicht, wie beim Jäten sonst immer, die Erde abzuschütteln! Denn so würde immer wieder Erde über der abdeckenden Steinschicht landen und so einen neuen Lieblingsort für keimende Samen schaffen. Es ist aus diesem Grund auch weniger Arbeit, im Winter regelmäßig nachzumulchen, als dann stundenlang jäten zu müssen – besonders dann, wenn Sie – wie ich – da und dort etwas nachlässig nachpflanzen oder den Mulch doch zu dünn aufgetragen haben.

PFLANZIDEEN FÜR TROCKENE STANDORTE

Auf den folgenden Seiten finden Sie viele Beispiele für Pflanzenkombinationen, die so oder ähnlich gut funktionieren. Ich möchte Sie aber ausdrücklich ermutigen, selbst Neues auszuprobieren und gerne auch zu testen, ob ganz andere Stauden dazu passen. Denn es gibt noch viele, viele Pflanzen mehr und dementsprechend tausende Möglichkeiten, hinreißende Zusammenstellungen zu kreieren. Ich wünsche Ihnen viel Freude beim Planen und Listenwälzen, Pflanzen und Genießen!

Gelb und Rosa – warm und farbenfroh

Blütenpracht auf magerem Boden? Dieses schmale Beet entlang einer Einfahrt zeigt, dass bunt auf jedem Standort geht.

Gelb ist für sonnige Beete unverzichtbar. Es wirkt fröhlich, warm und passt – entgegen den verbreiteten Vorstellungen – zu den meisten anderen Farben, da viele Blüten Gelb in ihrem Inneren tragen. Da trifft es sich gut, dass mit der Färberkamille (*Anthemis tinctoria*) eine genügsame und doch üppige Staude bereitsteht! Die Art präsentiert sich in einem leuchtenden Dottergelb, es gibt aber einige Sorten, die cremefarben blühen und eine schöne Ergänzung darstellen. Eine farbenfrohe Kombination für Juni und Juli, die auch auf kargem Substrat gut klarkommt, ist die Sorte 'Susanne Mitchell' zusammen mit Oregano (*Origanum-laevigatum*-Hybride

Die *Origanum-laevigatum*-Hybride 'Herrenhausen' sorgt zusammen mit *Anthemis tinctoria* 'Susanne Mitchell' ab Ende Juni für Farbe.

Neben den Kartäuser-Nelken sät sich auch der Lein selbst aus, wodurch das Beet von Saison zu Saison unterschiedliche Schwerpunkte zeigt.

'Herrenhausen'). Beide Pflanzen werden rund 30 bis 40 cm hoch und können daher sowohl im Vordergrund als auch auf ganz schmalen Beetstreifen verwendet werden. Sie sehen vom Austrieb an gut aus und brauchen erst im Spätsommer einen Rückschnitt. Dieser sorgt vor allem bei der Färberkamille dafür, dass sie genug Überwinterungstriebe bildet und so langlebig bleibt; außerdem verhindert man so zu reichliche Aussaat.

Als Partnerpflanzen haben sich bei mir weitere robuste Trockenkünstler bewährt. Falls Sie schon im Frühling viel Farbe haben möchten, sollten Sie jede Menge Wild-Tulpen pflanzen, wie etwa die hübsche Sorte 'Peppermint Stick', Sorten von *Tulipa clusiana* oder *Tulipa humilis*, die in etlichen Farbschattierungen erhältlich sind. Dazu passen Traubenhyazinthen (*Muscari*), die aufgrund ihrer Herkunft aus Südeuropa trockene, heiße Stellen lieben und sich dort auch gut vermehren. Sie blühen schon im April in Blau, was gut mit den Tulpen harmoniert. Diese Kombination kann noch verstärkt werden, wenn man frühe Katzenminze (*Nepeta × racemosa*) dazugesellt; ihr silbriges Laub ziert auch abseits der Blüte. Wer es knallig möchte, packt noch die Walzen-Wolfsmilch (*Euphorbia myrsinites*) dazu. Aber Vorsicht: Falls Sie wie ich am

Hang gärtnern, werden ihre Samen allesamt davonrollen und dort, wo sie zum Liegen kommen, eine kleine Kolonie bilden.

Wenig später schließen Kartäuser-Nelken (*Dianthus carthusianorum*) an – und ganz normaler Schnittlauch, der unter trockenen Bedingungen kompakt bleibt und dafür umso prächtiger blüht. Auch die Pechnelke (*Silene viscaria*) fühlt sich dort wohl und bildet große Büsche; Ende Mai sorgt dann blauer Lein (*Linum perenne*) für Hingucker und auch mein Küchensalbei (*Salvia officinalis*), beim Umzug dort nur schnell in den Boden gesteckt, blüht in diesem trockenen Beet außerordentlich reich. Um bei normalem Salbei viele Blüten zu erhalten, darf er nicht geschnitten werden. Ein paar Blätter für den Tee oder zum Kochen können aber natürlich immer abgezwackt werden.

Im Hochsommer blüht neben den Färberkamillen außerdem die Wilde Möhre (*Daucus carota*), die sich dort von selbst eingefunden hat, ebenso der Hornklee (*Lotus corniculatus*). Die Pflegemaßnahmen beschränken sich auf einen Rückschnitt der Katzenminze und gelegentliches Jäten von Anflug. Längerfristig können die Kartäuser-Nelken durch Aussaat recht dichte Bestände bilden. In solchen Fällen ist es zielführend, die älteren Pflanzen zu entfernen, da jüngere, einzelnstehende, weitaus reicher blühen. So bleibt der Bestand jung und man beugt einem dichten „Rasen“ aus Nelkensämlingen vor.

Die Stelle, an der diese Pflanzen wachsen, hält nur sehr mageren Boden bereit, da sich das Beet am Rand einer geschotterten Straße befindet und ich auf den wenigen vorhandenen Humus einfach 20 cm Sand aufgekippt habe. Zudem liegt der Standort ab dem Vormittag in der prallen Sonne und ist auch noch leicht abschüssig, sodass mit nur ganz wenig Feuchtigkeit zu rechnen ist.

Mineralischer Mulch als Hilfe

Mit einer Pflanzauswahl wie dieser können auch schmale Streifen neben Einfahrten, kleine Flächen vor dem Zaun oder flache Beete vor Mauern zum Blühen gebracht werden. Kiesmulch ist hier besonders wichtig, da er die wenige Feuchtigkeit speichern hilft – und über die Freiflächen angewehten oder -geschwemmten Samen das Keimen erschwert.

Ab Juni bilden Schnittlauch, Katzenminze, Kartäuser-Nelke, Hornklee und Salbei eine dichte Blütenwiese, die auch von Insekten sehr geschätzt wird.

NAME	BESONDERHEITEN	SORTEN/ALTERNATIVE ARTEN
BASIS-ZUSAMMENSTELLUNG		
Färberkamille *Anthemis tinctoria*	gelbe Blüten, standfest, halbkugeliger Wuchs, ca. 50 cm hoch, blüht von Juni bis Hochsommer	'Sauce Hollandaise', 'Wargrave', 'Susanna Mitchell' (alle cremegelb)
Katzenminze *Nepeta × racemosa*	frühe Blüte, duftendes Laub, Rückschnitt fördert Neuaustrieb und eine zweite Blüte	niedrigere und höhere Sorten, späterblühend ist *N. × fassenii*
Blumen-Dost *Origanum-laevigatum*-Hybride 'Herrenhausen'	purpurrot, lange Blütezeit, angenehmer Duft, halbkugeliger Wuchs	'Rosenkuppel' (ähnlich), 'Aromatico' (lockere Blüten), *Origanum vulgare* 'Thumbles Variet' (weiße Blüten, gelbblättrig)
Küchensalbei *Salvia officinalis*	hübsche Pflanze auch als Beetabschluss, gut schnittverträglich (dann weniger Blüten)	'Purpurascens' (rötliches Laub), 'Icterina' (gelb panaschiert)
ERWEITERUNGSIDEE		
Schnittlauch *Allium schoenoprasum*	um Sorten zu erhalten (es gibt etliche), die Blüten vor der Samenreife abschneiden	u. a. 'Forescate' (leuchtendes Rosalila), 'Wallington White' (weiß)
Spornblume *Centranthus ruber*	verzweigter Wuchs, sehr trockenheitstolerant, graugrünes Laub, Aussaat	rote und weiße Sorten
Walzen-Wolfsmilch *Euphorbia myrsinites*	lagert mit Trieben am Boden, legt sich gerne über kleine Mauern	*Euphorbia rigida* (ähnlich, aber aufrechtwachsend)
Ginster-Leinkraut *Linaria genistifolia*	üppige, hohe Staude mit gelben Blütenkerzen, silbernes Laub	*L. vulgaris* (wuchert im Gegensatz, Vorsicht in gutem Boden)
Pechnelke *Silene viscaria*	blüht ab Mitte Mai bis Juni, schlanker Wuchs	'Schnee' (eine leuchtend weiße Auslese), 'Splendens' (leuchtend pinkfarbig)
PFLANZEN FÜR DYNAMIK		
Wilde Möhre *Daucus carota*	unbedingt durch Aussaat ansiedeln, da Verpflanzen nicht funktioniert	rosa Sorte 'Dara' (oder rote Karotten im Garten pflanzen)
Kartäuser-Nelke *Dianthus carthusianorum*	sät sich auf offenen Böden reich aus, blüht ab Mai den ganzen Sommer über	*D. pontederae* wächst schlanker und zarter, *D. cruentus* (leuchtendes Purpur), *D. knappii* (schwefelgelb)
Blauer Lein *Linum perenne*	Aussaat zulassen, da Pflanzen kurzlebig sind (besonders auf besseren Böden)	'Alba' (weißblühend)
Eisenkraut *Verbena officinalis* var. *grandiflora* 'Bampton'	auf trockenen Standorten weniger Aussaat, purpurrote Winterblätter, blüht auch bei Hitze den gesamten Sommer über!	*V. officinalis* (heimische Art, kleine, helllila Blüten, sehr robust)
ZWIEBELPFLANZEN		
Traubenhyazinthe *Muscari armeniacum*	blau, Laub erscheint schon im Herbst, sät sich aus	'Valerie Finnis' (hellblau), Hybride 'Night Eyes' (dunkelblau mit Weiß)
Wild-Tulpen *Tulipa*	diese Tulpen treiben unauffällige, schmale Blätter und sind insgesamt schlanker, ziehen rasch ein	'Peppermint Stick' (rot-weiß), *T. turkestanica* (cremeweiß), *Tulipa clusiana*, *Tulipa humilis*

Indigolupinen blühen von Mai bis Juni und können zu beeindruckend großen Stauden heranwachsen.

Indigolupine mit Begleitern

Heiß und trocken kann auch auffällig! Dauerblüher und üppige Großstaude führen in den Frühsommer.

Pflanzen in sonnigen Lagen sind oft kleiner und ihre Blüten weniger üppig, als wir es aus prächtigen Beeten in nährstoffreichen Lagen gewöhnt sind. Es gibt aber auch Ausnahmen. Und eine davon ist die Indigolupine (*Baptisia australis*), eine beeindruckende Staudengestalt, deren einziger Nachteil ihre anfangs zögerliche Entwicklung ist. Gibt man ihr zwei, drei Jahre Zeit, wächst sie zu einem üppigen, weithin leuchtenden Busch heran, der einen ganzen Gartenbereich dominieren kann und viele Jahre attraktiv bleibt. Der Höhepunkt seiner Blüte liegt im Juni und fällt mit einigen anderen beeindruckenden Stauden zusammen, wodurch man schöne Kombinationen erzielen kann. In einem meiner Kiesbeete steht die Pflanze nun seit mehr als sieben Jahren und ist jeden Frühsommer der Hingucker schlechthin.

Mittlerweile ist das Sortiment beeindruckend angewachsen. Es gibt mit *Baptisia alba* var. *macrophylla* eine auffällige weiße Sorte mit dunklen Stängeln. Mit *Baptisia sphaerocarpa* steht uns eine leuchtend gelbe Art zur Verfügung und etliche weitere Arten und inzwischen entstandene Hybriden locken mit verschiedenen Blautönen, dunklem Purpur und Schattierungen zwischen Gelb und Orange. Alle sind, einmal eingewachsen, gegenüber Trockenheit sehr tolerant. Ab dem Sommer zieren zusätzlich ihre blau bereiften, recht auffälligen Samenhülsen.

Weil die Indigolupine mit bis zu 120 cm eher hoch wird, sollten ihr ebenfalls höhere Partnerpflanzen zur Seite gestellt werden. In meinem Beet sind es Witwenblumen in Purpur und Lila (*Knautia macedonica*, *K. arvensis*), die mit ihren auf langen, drahtigen Stängeln schwebenden Blütenknöpfen schöne Kontrapunkte zu den aufragenden Blütenständen der *Baptisia* bilden. Sie säen sich aus und wandern so durch das Beet, außerdem variieren die Blütenfarben durch die Verwendung zweier Arten in verschiedenen Lila-Tönen.

Eine der hübschesten Partnerpflanze mit gleicher Blütezeit ist ein weißer Doldenblütler mit feinem, stark geschlitztem Laub: Die Augenwurz (*Athamantha turbith* var. *haynaldii*). Sie hat zwar einen komplizierten Namen, verhält sich dafür im Beet aber völlig unkapriziös. Sie schätzt durchlässige, warme Standorte und bildet dann einen halbkugeligen Blattbusch, über dem in einigem Abstand die schneeweißen Dolden stehen. Dazu passt als Abschluss im Beetvordergrund der pinkfarbene Reiherschnabel (*Erodium × manescavii*), ein Dauerblüher erster Güte mit sattgrünem, üppigem Laub. Reiherschnäbel sind mit den Storchschnäbeln verwandt, ihre

Zur gleichen Zeit wie die hohen Katzenminzen gehen auch der Haarige Bartfaden und der Reiherschnabel in Blüte. Beide bilden kompakte Büsche und passen daher gut in den Vordergrund.

Wie viele andere Doldenblütler besticht die Felsen-Augenwurz durch ganz zartes Laub und schneeweiße, wie Sternspritzer leuchtende Blüten, die deutlich über den Blättern stehen.

Blüten erinnern aber mehr an Pelargonien, die ebenfalls zur Verwandtschaft zählen. Wer an ihnen Gefallen findet, kann noch weitere Arten ausprobieren; sie alle mögen trockene Standorte.

Ringsum in diesem Beet breiten sich blauer Lein (*Linum perenne*) und Österreichischer Ehrenpreis (*Veronica austriaca*) aus. Beide vermehren sich durch moderate Selbstaussaat und sorgen so jedes Jahr für neue Eindrücke. Im Hintergrund fungieren als Ruhepol zwei große Exemplare des Silber-Ährengrases (*Stipa calamagrostis*), die aus einem stabilen grünen Blattbusch um die Sonnenwende feine grüne Blütenähren treiben, die sich im Laufe des Sommers weizengelb verfärben.

Das gezeigte Beet wurde mit einer Mischung aus vorhandenem Mutterboden und Sand angelegt und befindet sich über sehr durchlässigem Boden, der locker und leicht zu durchwurzeln ist. Als oberste Schicht wurde Kalksplitt aufgebracht.

Was tun, wenn das Silber-Ährengras kippt?

Silber-Ährengras (*Stipa calamagrostis*) möchte möglichst trocken stehen, da es sonst zum Umkippen tendiert – falls das doch passiert, können Sie die Nachbarpflanzen mit einem beherzten Rückschnitt bis Ende Juni retten. Das Gras dann treibt dann rasch wieder aus und blüht sogar noch.

NAME	BESONDERHEITEN	SORTEN/ALTERNATIVE ARTEN
BASIS-ZUSAMMENSTELLUNG		
Felsen-Augenwurz *Athamantha turbith* var. *haynaldii*	fein zerteiltes Laub, leuchtend weiße Doldenblüten, etwa 40 cm hoch, langlebig	*Seseli montanum* (kleinere Blüten, höher) und weitere schmal- und graulaubige *Seseli*-Arten
Indigolupine *Baptisia australis*	hohe, langsamwachsende, horstige Staude, mit den Jahren hoher Platzbedarf	weiße, hellgelbe, dottergelbe, orangebraune, hellblaue Sorten
Pyrenäen-Reiherschnabel *Erodium × manescavii*	Dauerblüher, üppiges grünes Laub	niedriger und ähnliche Farbe: *Geranium sanguineum*
Haariger Bartfaden *Penstemon hirsutus*	blüht ab Mitte Mai in hellem Lila, bildet üppige Büsche, moderate Aussaat, rotes Winterlaub	*P. hirsutus* f. *albus* (weiß), *P. hirsutus* var. *pygmaeus* (winzig)
Silber-Ährengras *Stipa calamagrostis*	wunderschön, bei trockenem Boden standfest, sieht bis zum Frühling toll aus	bei weniger Platz: *Stipa capillata* (höher, feiner, weniger üppig)
ERWEITERUNGSIDEE		
Affodill *Asphodelus albus*	weiße Blütenkerzen im Frühsommer, zieht im Sommer komplett ein	ähnlich, aber viel zarter und kleiner: *Anthericum liliago*
Meerkohl *Crambe cordifolia*	graugrüne Blätter, weit verzweigte Blütenstände, imposant, guter Boden	*C. pontica* (etwas kleiner), *C. maritima* (viel gedrungener)
Storchschnabel *Geranium* 'Tiny Monster'	weit rankend, dauerblühend	bei weniger Platz: *Geranium sanguineum* 'Max Frei'
Kuhschelle *Pulsatilla vulgaris*	blüht schon ab Ende März, hübsche Samenstände	weiße, rote und lila Sorten, *Pulsatilla pratensis* subsp. *nigricans* in Schwarz
Quirlblütiger Salbei *Salvia verticillata* 'Hannah's Blue'	ausladender, blau-violetter Salbei, nach der Blüte Rückschnitt (Nachblüte)	'Purple Rain' (lila), 'Alba' (weiß)
PFLANZEN FÜR DYNAMIK		
Wiesen-Witwenblume *Knautia arvensis*, *K. macedonica*	blüht ab Mitte Mai, Insektenmagnet, runde Blüten an langen Stängeln	*Scabiosa ochroleuca* (hellgelb, niedrig), *Scabiosa canescens* (lila)
Österreichischer Lein *Linum austriacum*	leuchtend blaue Blüten, blühen vor allem vormittags	*Linum perenne*, *L. perenne* 'Alba' (weiß)
Österreichischer Ehrenpreis *Veronica austriaca*	liebenswerte niedrige Staude mit blauen Blütenkerzen, blüht Ende Mai	'Ionian Skies' (feines Laub), *V. teucrium* 'Knallblau' (leuchtendes Enzianblau)
ZWIEBELPFLANZEN		
Kugel-Lauch *Allium sphaerocephalon*	purpurfarben, passt immer noch dazwischen, blüht im Hochsommer	*Allium carinatum* subsp. *pulchellum* (viel kleiner, sät sich aus)
Sizilianischer Honiglauch *Nectaroscordum siculum*	außergewöhnliche Blüten, schlanker Wuchs und wenig Laub	

Leuchtend durch den Sommer

Orange und Gelb sorgen zusammen mit silbernem Laub im sommerlichen Garten für Aufsehen - und die Insekten freuen sich auch.

Das Grüngelb der Steppen-Wolfsmilch harmoniert mit dem gesamten Farbspektrum, weshalb es bestens als verbindendes Element zwischen leuchtenden Farben verwendet werden kann. Gräser lockern die Szene zusätzlich auf.

Farbkombinationen im Garten können sich harmonisch ergänzen – oder unter Einbeziehung von Komplementärfarben so richtig schön knallen. In diesem Fall ist es *Asclepias tuberosa*, die Knollige Seidenpflanze, die mit ihrem Orange für Aufsehen sorgt. Im Gegensatz zu anderen Vertretern ihrer Gattung macht sie keinerlei Ausläufer, sondern bleibt brav an dem ihr zugedachten Standort und bildet mit der Zeit einen ansehnlichen, im Juni und Juli blühenden Busch. Attraktiv sind nicht nur die Blüten, sondern auch das herrlich grüne Laub. Außerdem gibt es Auslesen mit gelben Blüten, falls Ihnen das Orange doch zu wild wird.

In meiner Pflanzung sind es aber gerade die Gegensätze zwischen Seidenpflanze und der lila Katzenminze (*Nepeta* 'Walker's Low'), die mir besonders gefallen. Als zusätzlicher Verstärker fungieren die gelben kleinen Kugelblüten des Heiligenkrauts

(*Santolina chamaecyparissus*), das mit seinem silbernen Laub in so gut wie jede sonnige Beetfläche passt. In rauen Lagen friert es im Winter hin und wieder zurück, treibt aber von unten wieder durch – ein Grund, warum man es lieber erst an einem warmen Frühlingstag in Form schneiden sollte. Gelb schließt auch das Palmblatt-Mädchenauge (*Coreopsis palmata*) im Sommer an. Es ist viel trockenheitsverträglicher als die bekannten Mädchenaugen, bildet aber genau wie sie mit kurzen Ausläufern eine kleine Gruppe.

Diese drei kräftigen Farben – Gelb, Orange und Lila – werden von einem dunkelblütigen Dost-Sämling (*Origanum vulgare*) begleitet und mit den grünlich-gelben Blütenwolken des Echten Labkrauts (*Galium verum*) abgefangen. Man sollte sich von der Ausläuferbildung dieser heimischen Wildstaude nicht von einer Verwendung abschrecken lassen. Die Triebe der Pflanze sind so schlank und luftig, dass sie Nachbarpflanzen nicht beeinträchtigen und sich auf sehr ansprechende Weise in die Pflanzung weben. Farblich ähnlich erscheint die Steppen-Wolfsmilch (*Euphorbia seguieriana* subsp. *niciciana*), die ganz anders als viele ihrer Verwandten erst im Sommer blüht. Sie bildet im Alter üppige, halbkugelige Büsche und ist ein Geheimtipp für trockene Standorte; sogar auf Verkehrsinseln macht sie eine gute Figur. Im Hintergrund hellen die silbernen Triebe des Beifußes (*Artemisia ludiviciana* 'Valerie Finnis') die Pflanzung noch zusätzlich auf. Auch diese Staude verbreitet sich mit kurzen Ausläufern, aber das sollte an trockenen Standorten nicht von der Verwendung abhalten, dazu lassen sie sich zu leicht aus dem Boden ziehen.

Oregano, Knollige Seidenpflanze und Weiße Lichtnelke blühen unbeirrt an den heißesten Tagen des Jahres.

Kontraste ziehen sich an

Komplementärfarben wie Orange und Lila in Verbindung mit silbernem Laub funktionieren in der Sonne besonders gut, weil uns von allen Farben genug Pflanzen zur Verfügung stehen. Gräser helfen, die oft harten Kontraste wieder zu besänftigen.

Als aufhellende Farbtupfer sind im Beet noch weiße Spornblumen (*Centranthus ruber* 'Alba') unterwegs – und die Weiße Lichtnelke (*Silene latifolia*), die zu Unrecht nur selten in Gärten zu finden ist. Sie blüht später im Jahr als die Rote Lichtnelke (*Silene dioica*), mag es etwas feuchter und sät sich weit stärker aus und bleibt kleiner und gedrungener. Wer die Chance hat, ein paar Samen irgendwo zu bekommen, sollte sie unbedingt probieren. Sie verhält sich ähnlich wie eine Akelei und ist eher kurzlebig, aber immer wieder tauchen irgendwo im Beet Samen auf. Auf Nachtfalter spezialisiert, blüht sie in der Dämmerung am schönsten, aber auch den ganzen Vormittag über sind ihre Blüten noch eine Zier.

Gut zu dieser natürlich wirkenden Pflanzengruppe passen Gräser. Bei mir wächst im Hintergrund das Silber-Ährengras (*Stipa calamagrostis*), aber auch Federgras (*Nasella tenuissima*) macht sich gut dazu. Noch zarter ist das Zittergras (*Briza media*), dessen kleine silberne Samen-Herzchen zwischen den Nachbarpflanzen tanzen.

Gräser sind für diese Beetzusammenstellung unverzichtbar. Hier sind es die feinen Blüten der Wald-Schmiele, die bei tiefgründigem Boden auch trockene Standorte erträgt.

NAME	BESONDERHEITEN	SORTEN/ALTERNATIVE ARTEN
BASIS-ZUSAMMENSTELLUNG		
Silbriger Beifuß *Artemisia ludoviciana* 'Valerie Finnis'	leuchtend silbernes Laub, bildet Ausläufer und wandert durchs Beet	'Silver Queen' hat feineres Laub
Knollige Seidenpflanze *Asclepias tuberosa*	orange Blüten, stabiler Wuchs, Bienenmagnet	'Hello Yello' blüht leuchtend gelb
Weiße Spornblume *Centranthus ruber* 'Alba'	sät sich moderat aus, wächst auch in und auf Mauern	die Art blüht rosa
Steppen-Wolfsmilch *Euphorbia seguieriana* subsp. *niciciana*	bildet große, den ganzen Sommer über attraktive Büsche; wuchert nicht, alte Pflanzen im März stutzen	*E.* 'Abbeydore' hat gelbere Blüten, bleibt niedriger
Hohe Katzenminze *Nepeta racemosa* 'Six Hills Giant'	ein Rückschnitt führt zu einer zweiten Blüte, bei einigen frühen Arten sind sogar drei Blühphasen möglich	etliche weitere Sorten/Arten verfügbar
Heiligenkraut *Santolina chamaecyparissus*	silbernes, duftendes Laub, Halbstrauch, im Frühjahr schneiden, in rauen Lagen Schutz	eine ähnliche Farbkombi bietet die Weinraute (*Ruta graveolens*)
ERWEITERUNGSIDEE		
Blausternbusch *Amsonia hubrichtii*	gute Ergänzung, wenn es nicht ganz knochentrocken, tolle Herbstfärbung	*Amsonia orientalis* (bleibt viel kleiner) und jede Menge weitere Arten und Sorten
Palmblatt-Mädchenauge *Coreopsis palmata*	gelbblühend, bildet kleine Kolonien, blüht im Hochsommer	ähnlich: Präriesonnenhut (*Ratibida columnifera*)
Wilder Dost *Origanum vulgare*	insektenfreundliche Wildstaude, deckt langsam den Boden	diverse Sorten, auch in Weiß, Rosa und dunklem Purpur
Silber-Ährengras *Stipa calamagrostis*	überhängende, zuerst grüne, dann weizenfarbige Ähren	bei mehr Feuchtigkeit: *Deschampsia cespitosa*
PFLANZEN FÜR DYNAMIK		
Echtes Labkraut *Galium verum*	feines Laub, wächst mit Ausläufern durchs Beet, ohne andere Pflanzen zu bedrängen	kann im Frühling leicht gejätet werden
Marokkanischer Mohn *Papaver atlanticum*	oranger, zierlicher Mohn, der sich aussät, ohne lästig zu werden	Kalifornischer Kappenmohn (*Eschscholtzia californica*)
Weiße Lichtnelke *Silene latifolia*	elegante, weißblühende, kurzlebige Staude, blüht nachts bis etwa Mittag	*Silene nutans* und *Silene viscosa*, beides heimische Wildpflanzen, blühen ebenfalls weiß
ZWIEBELPFLANZEN		
Kugel-Lauch *Allium sphaerocephalon*	purpurfarben, passt immer noch dazwischen, blüht im Hochsommer	*Allium carinatum* subsp. *pulchellum* (viel kleiner, sät sich aus)
Wild-Tulpe *Tulipa clusiana* 'Cynthia'	orange-rote Blüten	*T. clusiana* (rot-weiß)

Blüten im Spätsommer

Heiß und trocken schließt Blütenfülle ab August nicht aus. Man muss nur wissen, welche Pflanzen dann noch zur Höchstform auflaufen.

Betrachtet man die passenden Pflanzen für trockene Standorte, so fällt ziemlich schnell auf, dass es einen eindeutigen Blütenschwerpunkt im Frühsommer gibt. Wer die Hauptblüte seines Beets in den Hochsommer legen möchte oder ein bestehendes Beet in Richtung Herbst aufpeppen möchte, könnte mit den Pflanzen aus diesem Beet glücklich werden. Seine Hauptwirkung entfaltet es mit den Blüten eines sommerblühenden Lauchs, dessen Laub nicht einzieht: *Allium* 'Millenium' ist eine neuere Kreuzung aus zwei Laucharten, eine davon *Allium senescens*, das für trockene Standorte bestens geeignet ist. Die Hybride 'Millenium' zeigt eine attraktivere Fär-

Allium 'Millenium' blüht im Spätsommer und damit zu einer Zeit, wo die Pflanzen ringsum in heißen Sommern schon etwas schwächeln - das macht es besonders wertvoll.

Duft im Beet

Falls Sie den kühlen Duft von *Calamintha* schätzen, sollten Sie unbedingt die Gattung der Scheinbergminzen (*Pycnanthemum*) versuchen! Sie zeichnen sich durch Trockenheitstoleranz und silbriges Laub aus und tragen helle, leider etwas unscheinbare Blüten. Bergminzen duften bei Berührung so wunderbar, dass man sie am besten neben einem Weg pflanzt, wo man öfter übers Laub streifen kann; auch Insekten lieben sie.

bung und bildet mit der Zeit üppige Horste, die den ganzen Sommer über bis September blühen. An seiner Seite wächst in diesem Beet das Chinesisches Helmkraut (*Scutellaria baicalensis*), eine widerstandsfähige Staude, die sich wie ein kleiner Halbstrauch verzweigt und im Hochsommer mit großen, leuchtend blauen Blüten für Aufsehen sorgt. Dazu passt perfekt die weiße Bergminze (*Calamintha nepeta* subsp. *nepeta*). Ihr nach Minze duftendes Laub ist wie geschaffen dafür, am Rand eines Wegs zu wachsen, da man so bei jedem Vorübergehen von einer minzig-kühlen Duftwolke gestreift wird. Die Bergminze blüht bis in den Spätsommer und wird von Honigbienen in großer Zahl besucht. Das gilt auch für *Origanum* 'Hopley', das mit seinen zarten blassrosa Blütenständen hier ebenfalls mit dabei ist. Noch nicht in Blüte ist am Bild die gelbe *Aster linosyris*, eine ungewöhnliche Vertreterin ihrer Gattung und eine der wenigen Astern, die in Europa vorkommen. Ihre Blüten bestehen im Grunde nur aus dem Blüteninneren, sie sind also gelbe Kugeln und stehen in doldenartigen Blütenständen über dem fein zerteilten Laub.

Im Mai bilden Hainburger Federnelke und Zierliche Silber-Flockenblume einen Traum in Rosa. Beide bleiben niedrig und passen deshalb perfekt neben Wege oder an Beetkanten.

Eine wichtige Rolle übernehmen in diesem Beet die Gräser. Im Hintergrund sind es die rosa Blütenstände von *Pennisetum orientale* 'Karley Rose'. Diese Auslese der ohnehin schon empfehlenswerten Art wächst höher und aufrechter, dazu kommen die rosa schimmernden Blüten. Steht es auf durchlässigem Boden, so ist auch Frost von mehr als −15 °C kein Problem – hier am Alpennordrand wächst es seit mittlerweile acht Jahren und begeistert mich jeden Sommer. Allerdings wird es doch recht hoch, deutlich über 120 cm. Wer weniger Platz hat oder niedrigere Partnerpflanzen nicht gefährden möchte, ist mit *Pennisetum orientale*, der Art selbst, ebenfalls gut beraten. Seine wollig-silbernen Blütenstände sind eine Pracht und wirken viel zarter und eleganter als die der anderen, weit verbreiteten Lampenputzergräser.

Außerdem mit im Beet ist die Südafrikanische Purpurdistel (*Berkheya purpurea*), die aus beeindruckend stachligen Blattrosetten hohe, stämmige Blütenstände treibt, auf denen attraktive, helllila Blüten erscheinen. In rauen Lagen friert die Art öfters komplett zurück, um sich aus den Wurzeln neu zu regenerieren – in milderen Gebieten bleibt die Blattrosette wintergrün und die Pflanzen werden dann auch üppiger. Für heiße, trockene Stellen ist sie eine tolle Wahl. Wer sich verliebt hat und mit der erwähnten Art erfolgreich ist, kann weitere Arten ausprobieren, die entweder gelb (*Berkheya multijuga*), weiß (*Berkheya cirsiifolia*) oder hellgelb (*Berkheya radula*) blühen.

Bergminzen, Chinesisches Helmkraut und Lauch 'Millenium' blühen gemeinsam mit Gräsern trotz warmer Augustsonne, die gelbe *Aster linosyris* zeigt nun erste Knospen.

NAME	BESONDERHEITEN	SORTEN/ALTERNATIVE ARTEN
BASIS-ZUSAMMENSTELLUNG	AUSSEHEN, WUCHS	ALTERNATIVEN, WEITERE SORTEN
Zierlauch-Hybride *Allium* 'Millenium'	zieht nicht ein, bildet einen Horst, ähnlich einem Mini-Agapanthus	auch geeignet, etwas weniger prächtig: *Allium senescens*
Bergminze *Calamintha nepeta* 'Triumphator'	duftendes Laub, lange Blütezeit, steril, gleichmäßiger Wuchs, Bienenmagnet	'Blue Cloud' (blasslila), Achtung, die Art selbst sät sich gerne üppig aus
Goldhaar-Aster *Aster (Galatella) linosyris*	gelb, feines Laub, Blüte im Hochsommer	auffälliger: *Achillea filipendulina*
Dost *Origanum* 'Hopley'	duftend, bis 50 cm, rosa Blüten	sämtliche Sorten von *O. vulgare* und *O. laevigatum*
Lampenputzergras *Pennisetum orientale* 'Karley Rose'	bis zu 120 cm hoch, rosafarbene Blüten, genug Platz einplanen	*P. orientale* (kleiner, zarter), ansonsten natürlich auch *Nasella tenuissima*
Chinesisches Helmkraut *Scutellaria baicalensis*	wird bis 40 cm hoch, leuchtend blaue Blüten ab Ende Juni	ähnliches Aussehen, aber höher: *Penstemon strictus* var. *strictus*
ERWEITERUNGSIDEE		
Perlkörbchen *Anaphalis triplinervis*	graues Laub und weiße Blüten, ähnlicher einer Strohblume, halbkugeliger Wuchs	*Anaphalis margaritacea* (Ausläufer, sehr robust)
Südafrikanische Purpurdistel *Berkheya purpurea*	stachlige Blattrosette, hohe Blütenstängel, lila Scheibenblüten, eventuell Winterschutz	*B. cirsiifolia* (weiß), *B. multijuga* (gelb), *B. radula* (hellgelb)
Teppich-Flockenblume *Centaurea simplicicaulis*	bildet kompakte Polster, lila Blütenstände ragen darüber, schöne Samenstände	*C. bella* (größer, bildet ebenso Polster)
Hainburger Federnelke *Dianthus lumnitzeri*	lockere, grasige Polster, weiße, gefranste Blüten, toller Duft	'Tatra Fragrance' hat rot-weiße Blüten
Meergrün-Bergfenchel *Seseli osseum*	zarter Doldenblütler, blaugrünes Laub, fein verzweigte Blütenstände, sät sich aus	*S. montanum* (kleiner), *S. pallasii* (üppiger und höher)
PFLANZEN FÜR DYNAMIK		
Türkischer Fingerhut *Digitalis trojana*	zweijährig, kleine Blattrosette, schmales Laub, stört trotz Aussaat nie	sehr ähnlich: *D. lanata*
Gelber Hornmohn *Glaucium flavum*	einjährig, blaugrünes Laub, gelbe Blüten, sehr trockenheitsverträglich	*G. corniculatum* (rotblühend)
ZWIEBELPFLANZEN		
Gelber Lauch *Allium flavum*	kleine, gelbe Blüten im Sommer, sät sich aus	*Allium carinatum* (lila)
Netzblatt-Iris *Iris reticulata*	Blüten schon ab Ende Februar, bildet kleine Gruppen, zieht rasch ein	'Harmony' (dunkelblau), 'Katherine's Gold' (hellgelb) u. v. m.

Die Farbigkeit von Steppen-Salbei 'Amethyst' wird von der hellgrünen Weidenblättrige Sonnenblume und den üppigen Büscheln des Reitgrases abgefangen. Dazwischen blühen Brandkraut und Katzenminze.

Üppige Staudenfläche auf dem Dach

Wer sagt, dass es ohne Gießen mickrig aussehen muss? In diesem Beet dominieren auffällige Gewächse.

Dass Beete in der Sonne üppig und überbordend sein können, beweist diese Pflanzung von Joachim Hegmann. Sie wurde auf einem Dachgarten angelegt, verfügt nur über 30 cm Substrat und wurde ab dem zweiten Jahr nicht mehr bewässert. Ihren besonderen Reiz entwickelt die Pflanzung durch die Verwendung verschiedener Blatttexturen und harmonisch abgestimmter Farben, die sich durch die gesamte Saison hinziehen und im Winter mit den Silhouetten der Stauden weiterbestehen, bis das Beet zurückgeschnitten wird. Im Bildausschnitt, der im Frühsommer aufgenommen wurde, ist es das Blau-Rosa von Steppen-Salbei (*Salvia nemorosa* 'Amethyst'), der imposante Büsche bildet und auch nach der Blüte noch lange eine gute Figur macht – außer man möchte eine zweite Blüte haben, dann empfiehlt sich ein Rückschnitt direkt nach dem ersten Flor. Ähnlich in der Wuchsform, aber

Die Wuchsformen der verwendeten Stauden ergeben klar abgegrenzte Büsche in rhythmischer Abfolge. In den nächsten Jahren wird sich der Weiße Beifuß unter die Nachbarpflanzen mischen und die Pflanzung auflockern.

mit silbernen, fast weißen Blättern, kommt der Weiße Beifuß (*Artemisia ludoviciana* 'Valerie Finnis') daher. Seine cremegelben, aufrechten Blütenstände fügen sich besonders deshalb gut in die Pflanzung ein, weil sie das helle Braun des Federgrases (*Nasella tenuissima*) aufnehmen und wiederholen. Dieses Gras bringt Leichtigkeit in die Pflanzung und ist deshalb an mehreren Stellen eingestreut; mit längerem Bestehen des Beets wird es durch Selbstaussaat immer wieder neue Stellen besiedeln. Federgras wird dabei nie zur Belastung und ist aufgrund der feinen Halme schon als kleiner Sämling leicht von ungewollten Gräsern zu unterscheiden.

Wem das silberne Laub von 'Valerie Finnis' zu dominant ist, kann auf die schlankere und feingliedrigere Sorte 'Silver Queen' ausweichen – oder eine der vielen anderen Beifuß-Arten probieren, die für trockene Standorte geeignet sind. Vorsicht aber, sie zeigen unterschiedliche Wuchsverhalten: Einige, wie auch die hier gezeigten, laufen mit kurzen Ausläufern durch die Pflanzung und sind leicht zu entfernen, weil die Ausläufer am Beginn keine Wurzeln haben. Andere neigen zum Wuchern und können vor allem auf schweren Böden zum Ärgernis werden, wohingegen sie in Sand und bei trockenem Standort – unser Einsatzgebiet also – ganz zahm bleiben. Und wieder andere wachsen überhaupt horstig und machen keinerlei Ausläufer ('Powis Castle' etwa) – es lohnt sich also, die Sortimente hier genau zu studieren.

Nach einem Rückschnitt blüht der Steppen-Salbei im Spätsommer noch einmal. Dabei bleibt er etwas niedriger, ergänzt so aber die weißen Blüten der Prachtkerze und trifft später sogar noch die Fetthenne.

Das silberne Laub vieler Arten ist es auf jeden Fall wert, sie in Beete zu integrieren.

Gute Partner für Beifuß geben Wolfsmilch-Arten ab, da das Silbergrau in Verbindung mit den grüngelben Blüten noch mehr zu leuchten scheint. Im gezeigten Beet ist es die Steppen-Wolfsmilch (*Euphorbia seguieriana* subsp. *niciciana*), die gleichzeitig mit hoher Katzenminze (*Nepeta* × *fassenii* 'Walker Low') blüht. Dazwischen erscheinen die ersten weißen Blüten der Prachtkerze (*Gaura lindheimerii*). Sie treibt den Hochsommer über beständig hunderte kleine weiße Blütchen und ist auf durchlässigen Böden ohne Staunässe auch in kälteren Regionen winterhart. Falls sie doch wegbleiben sollte, kann man sie leicht im Frühjahr neu kaufen und das Beet damit ergänzen. Ich bin sonst kein Fan von Saisonartikeln, aber die Prachtkerze wertet ein Beet über Monate dermaßen auf, dass man hier guten Gewissens eine Ausnahme machen kann, ohne sich über erfrorene Pflanzen ärgern zu müssen.

Im Hintergrund der Pflanzung ist außerdem das Brandkraut (*Phlomis russeliana*) zu erkennen. Seine charakteristischen Blütenstände, die in mehreren Etagen cremegelbe Blütenkränze auf hohen Stängeln über großen, silber behaarten Blättern tragen, sind weithin sichtbar und bleiben den ganzen Winter über stabil stehen. Für den Spätsommer wurden im Beet außerdem Blauraute (*Perovskia* 'Blue Spire') und eine besonders zuverlässige hohe Fetthenne (*Sedum telephium* 'Herbstfreude') verwendet. Auch die Weidenblättrige Sonnenblume (*Helianthus salicifolius*), auf trockenen Böden standfest und äußerst robust, wurde in die Pflanzung eingebaut.

NAME	BESONDERHEITEN	SORTEN/ALTERNATIVE ARTEN
BASIS-ZUSAMMENSTELLUNG		
Weißer Beifuß *Artemisia ludoviciana 'Valerie Finnis'*	leuchtend silbernes Laub, bildet Ausläufer und wandert durchs Beet	*A.* 'Powis Castle' treibt keine Ausläufer, viele weitere Arten
Reitgras *Calamagrostis × acutiflora* 'Karl Foerster'	aufrechtes, standfestes Gras mit früher Blüte, die sich dann herrlich gelb verfärbt	'Waldenbuch' (weniger straff), 'Overdam' (panaschiertes Laub)
Steppen-Wolfsmilch *Euphorbia seguieriana* subsp. *niciciana*	bildet große, den ganzen Sommer über attraktive Büsche; wuchert nicht	*E.* 'Abbeydore' hat gelbere Blüten, bleibt niedriger
Prachtkerze *Gaura lindheimerii*	dauerblühende Pflanze mit weißen Blüten an langen Stängeln, in rauen Lange Schutz	es gibt eher weiße (z. B. 'Whirling Butterfly') und dunklere pinkfarbene Sorten ('Siskiyou Pink')
Katzenminze *Nepeta × faassenii* 'Walkers Low'	hohe, lila Sorte mit langen Blütenrispen	hier ist das Sortiment enorm groß, bei der Auswahl auf Trockenheitsverträglichkeit achten (v. a. Sorten von oder Hybriden mit *N. racemosa*)
Gelbes Brandkraut *Phlomis russeliana*	braucht etwas nährstoffreichere Böden, tolle Samenstände im Winter	*Phlomoides tuberosa* 'Amazone' (rosa, aufrechter wachsend)
Steppen-Salbei *Salvia nemorosa* 'Amethyst'	bis 50 cm hoch, breit-aufrecht wachsend, remontiert bei Rückschnitt	'Caradonna' (lila, aufrecht), 'Ostfriesland' (violett), 'Schneehügel' (weiß)
ERWEITERUNGSIDEE		
Blutroter Storchschnabel *Geranium sanguineum*	flacher bis halbkugeliger Wuchs, lange Blütezeit	'Max Frei' (pink), 'Apfelblüte' (blassrosa), 'Elsbeth' (rosa-weiß)
Weidenblättrige Sonnenblume *Helianthus salicifolius*	bleibt auf trockenem Boden kleiner, feingeschlitztes, hellgrünes Laub, gelbe Blüte	*Echinacea paradoxa*, *Rudbeckia missouriensis* (beide gelb)
Blauraute *Perovskia* 'Blue Spire'	silbernes Laub, feine blau-graue Blütenstände	ähnlich, aber ein Halbstrauch: *Caryopteris clandonensis* (diverse Sorten
Fetthenne *Sedum (Hylotelephium) spectabile*	kompakte Büsche bildend, rosa oder weiße Blüten, auch rotes Laub	'Carl' (leuchtend rosa), 'Stardust' (weiß), 'Karfunkelstein', 'Matrona' (beide dunkles Laub)
PFLANZEN FÜR DYNAMIK		
Kartäuser-Nelke *Dianthus carthusianorum*	sät sich auf offenen Böden reich aus, blüht ab Mai den ganzen Sommer über	ähnliche Farbe, aber kompakter Polster-Wuchs: *D. deltoides*
Vexiernelke *Silene (Lychnis) coronaria*	silbernes Laub, leuchtend pinkfarbene Blüten im Frühsommer, kurzlebig, moderate Aussaat	'Alba' (leuchtend weiß)
Patagonisches Eisenkraut *Verbena bonariensis*	ein- bis zweijährig, überwintert nur zum Teil, Blüten an langen blattlosen Stängeln, Aussaat	*Verbena stricta*, kaum verzweigter Wuchs und damit schlanker, ebenfalls langblühend, leichte Aussaat
ZWIEBELPFLANZEN		
Kugel-Lauch *Allium sphaerocephalon*	purpurfarben, passt immer noch dazwischen, blüht im Hochsommer	*Allium carinatum* subsp. *pulchellum* (viel kleiner, sät sich aus)
Wild-Tulpe *Tulipa clusiana*	weiß-rote Blüten, beim Aufblühen Weiß mit dunkler Mitte, blüht Anfang April	viele weitere schöne Arten!

Drei Mini-Kombinationen mit robusten, raschwüchsigen Pflanzen

Wenig Platz ist für Pflanzen keine Einschränkung – ganz im Gegenteil, so gibt es wenig Konkurrenz und freie Bühne für robuste Einzelkämpfer.

Zweijähriges Elfenbein-Mannstreu, Katzenminze und die einjährige Strahlen-Breitsame ergeben eine prächtige Kombination, die auch nach der Blüte noch attraktiv bleibt.

Manchmal ist im Garten ja nur wenig Platz oder es geht um eine kleine, trockene, sonnige Ecke, wo einfach nichts wachsen will. Und es wäre natürlich schön, wenn das Beet gleich mal hübsch aussehen würde … An solchen Standorten sind robuste kleine Helden gefragt!

Eine in meinen Augen unterschätzte Pflanze ist der Haarige Bartfaden, der kompakte Büsche bildet und gut mit runden Blüten (Kugel-Lauch) und aufrechten Kerzen (Weißer Wau) harmoniert.

Viel Blüten für herausfordernde Standorte gibt es mit der Strahlen-Breitsame (*Orlaya grandiflora*), einem hübschen einjährigen Doldenblütler, der neben den herrlich weißen Blüten eine recht stabile Wuchsform hat und auch nach der Blüte mit seinen frischgrünen Samenständen noch eine Zeit lang attraktiv aussieht. Danach sollte man die Samen an geeigneten Plätzen verstreuen, da sie nur kurz keimfähig sind und nach längerer Lagerung meist nur unzuverlässig erscheinen. Sie können also entweder frisches Saatgut von Gartenfreunden erbeten oder im Frühling die winzigsten Sämlinge, die sie irgendwo finden können, in Ihren Garten zu übersiedeln probieren. Meist werden aus verpflanzten Exemplaren keine Riesen mehr, aber die Selbstaussaat wird so in Gang gesetzt. Die Blütezeit von *Orlaya* fällt in den Frühsommer und trifft auf höhere Katzenminzen, die schon erwähnte Färberkamille (*Anthemis tinctoria*) und mit der Elfenbein-Mannstreu (*Eryngium giganteum*) auf eine sehr empfehlenswerte Zweijährige. Wie so viele Pflanzen mit diesem Lebensrhythmus wächst sie im ersten Jahr zu einer hübschen Rosette heran, ehe im zweiten Jahr dann die bekannten silbernen, sehr stabilen und weitverzweigten Stängel mit den typischen Distelblüten darauf erscheinen. Anpassungsfähig wie sie ist, wächst die Elfenbein-Mannstreu auch in den schmalen Beeten an der Hausmauer, im Regenschatten von Garagendächern und gerne auch dort, wo andere Pflanzen aufgeben; sie bleibt dann einfach kompakter. Wer mit Ein- und Zweijährigen im Garten bisher durchwachsene Erfahrungen gemacht hat, sollte mit den in diesem Buch genannten Pflanzen noch einen Versuch wagen: Im Gegensatz zu dichten, nährstoffreichen Beeten mit hohem Konkurrenzdruck sind kiesgemulchte Sonnenbeete locker und hell genug, um auch in den folgenden Jahren Sämlingen eine Chance zu bieten.

Selten in Gärten zu sehen und damit fast ein Geheimtipp ist der Haarige Bartfaden (*Penstemon hirsutus*), dessen wintergrüne Rosetten auch in der kalten Jahreszeit zieren. Im Frühsommer erscheinen dann zahlreich seine zart-lila Blüten, die an schlanken Stängeln über dem Laub schweben und gut mit blauem Lein, Kartäuser-Nelken oder Ginster-Leinkraut (*Linaria genistifolia* subsp. *dalmatica*) harmonieren. Für Beete mit wenig Platz gibt es eine absurd winzige Zwergform (*Penstemon hirsutus* var. *pygmaeus*) und außerdem existiert eine reinweiße Auslese mit grünen Stängeln (*P. hirsutus* f. *albus*). Allen gemeinsam ist eine hohe Toleranz gegenüber Trockenheit und ihr elegantes Aussehen – wer hier Gefallen findet, sollte die Gattung der Bartfäden genauer durchforsten, sie birgt einige hübsche Trockenspezialisten, manche sind aber leider nur in milden Regionen winterhart.

Für den Hochsommer kann man sich mit Kugel-Lauch (*Allium sphaerocephalon*) Hilfe aus der Zwiebelpflanzenecke holen. Seine purpurnen Kugeln erheben sich fast ohne Laub auf schlanken Stängeln und beanspruchen so wenig Platz, dass man immer noch ein paar Dutzend in ein Beet integrieren kann. Meine Lieblingskombination gehen sie mit der luftig-leichten Graslilie (*Anthericum ramosum*) ein, aber genauso passen gelbblühende Weinraute (*Ruta graveolens*), Schleierkraut (*Gypsophila*) oder *Gaura*. Dazu machen feingliedrige Gräser wie das Moskitogras (*Bouteloua gracilis*) eine gute Figur.

Traumkombi für den Hochsommer: Ästige Graslilie und Kugel-Lauch, die beide über den anderen Pflanzen schweben und daher gut zwischen Frühlingsblühern oder Polsterpflanzen angesiedelt werden können.

NAME	BESONDERHEITEN	SORTEN/ALTERNATIVE ARTEN
WEISS UND GELB UND SILBER		
Färberkamille *Anthemis tinctoria*	gelbe Blüten, standfest, halbkugeliger Wuchs, ca. 50 cm hoch, blüht von Juni bis Hochsommer	*Anthemis marschalliana* wächst gedrungener
Elfenbein-Mannstreu *Eryngium giganteum*	auffällige Zweijährige, die extrem lange blüht, Umpflanzen kleinster Sämlinge funktioniert	staudige *Eryngium* sind allesamt großartig
Rosa Schleierkraut *Gypsophila repens* 'Rosenschleier'	legt sich wie Weichzeichner zwischen die anderen Pflanzen, gefüllte rosa Blütchen	*G. repens* 'Alba' hat weiße, ungefüllte Blüten
Katzenminze *Nepeta* 'Blue Danube'	standfeste, niedrige Katzenminze von Christian Kreß, mag bessere Böden	wenn zu trocken, auf *N. racemosa* ausweichen
Strahlen-Breitsame *Orlaya grandiflora*	äußerst attraktive Einjährige, Saat stets frisch aussäen, sehr standfest	ähnlich, aber kleiner und Kreuzblütler: *Iberis amara*
BARTFADEN-BEET		
Zierlauch *Allium carolinianum* 'Rosy Dream'	niedrige Sorte mit festem Laub, das nicht einzieht, blüht im Frühsommer	alternativ *Allium* 'Millenium', blüht allerdings erst im August
Weißer Lein *Linum perenne* 'Album'	weiße Blüten, die nur am Vormittag blühen, silbergraues Laub	Art blüht himmelblau
Haariger Bartfaden *Penstemon hirsutus*	blüht ab Mitte Mai in hellem Lila, bildet üppige Büsche, moderate Aussaat, rotes Winterlaub	*P. hirsutus* f. *albus* (weiß), *P. hirsutus* var. *pygmaeus* (winzig), *P. barbatus* (blüht allerdings orange)
Weißer Wau *Reseda alba*	einjährig bis kurzlebige Pflanze, aufrechte, weiße Blütenkerzen, ungewöhnlich	*Reseda luteola* (Färber-Wau) in Gelb, wächst üppiger und höher
Großer Ehrenpreis *Veronica teucrium* 'Knallblau'	leuchtend blaue Blüten, viele aufrechte Kerzen, sehr robust	weitere Sorten: 'Royal Blue', 'Azurit'
LAUCH-KOMBI		
Kugel-Lauch *Allium sphaerocephalon*	purpurfarben, passt immer noch dazwischen, blüht im Hochsommer	*Allium carinatum* subsp. *pulchellum* (viel kleiner, sät sich aus)
Ästige Graslilie *Anthericum ramosum*	luftige, weiße Blütenstände, grasartiges Laub, sät sich aus, ohne zu stören	wenn es größer sein soll: *A. liliago* oder gleich *Asphodelus albus*
Moskitogras *Bouteloua gracilis*	nur etwa 30–40 cm hoch, waagrecht abstehende Samenstände, sehr zart	*Bouteloua curtipendula* (deutlich höher)
Ballonblume *Platycodon grandiflorus*	glockenblumenartige Blüten auf langen Stängeln, erträgt viel Trockenheit	blaue, weiße und rosa Sorten, auch gefüllte
Weinraute *Ruta graveolens*	blau-silbrig-blättriger Halbstrauch, grüngelbe Blüten, Rückschnitt im Frühling, wenn notwendig	'Jackman's Blue' (besonders blaues Laub)

Mit Tulpen durch den Frühling

Viele Stauden für trockene Freiflächen treiben erst ziemlich spät aus – das bietet perfekte Voraussetzungen für die Verwendung von Tulpen.

Tulpen lieben Trockenheit. Das ist vielen Gartenbesitzern gar nicht bewusst, dabei sind es immer die trockensten Stellen, an denen Tulpen am langlebigsten sind und am üppigsten blühen. Entscheidend ist vor allem die Trockenheit im Sommer, da in dieser Phase die Zwiebeln ausreifen. Was also liegt näher, als trockene Beete mit Tulpen zu besiedeln? Gemeinsam mit früh austreibenden Stauden lassen sich auf diese Weise schon im April spannende Zusammenstellungen gestalten – und das, ohne Platz zu verlieren, denn Tulpen passen einfach noch zusätzlich in Pflanzungen und lassen sich auch in bestehende Beete problemlos ergänzen.

Wer robuste und langlebige Sorten sucht, ist mit Wild-Tulpen am besten beraten. Dieser Gruppe, oft auch als „Botanische Tulpen" bezeichnet, werden züchterisch unveränderte Arten und ihre farblich attraktiven Auslesen zugerechnet. Sie sind meist zarter und kleiner als die bekannten Gartentulpen – und um ein Vielfaches robuster. Wenn es ihnen gefällt, bleiben sie jahrelang, und noch besser: vermehren sich via Brutzwiebeln oder sogar Aussaat. Voraussetzung dafür ist ein mineralischer und da-

Tulpen gibt es in vielen Farbvarianten. Für magere Stellen sind Wild-Tulpen am besten geeignet und auch hier kann man aus einer großen Vielfalt schöpfen, am Bild sieht man die rosa Felsen-Tulpe.

Wer düngt Tulpen in der Natur?

Da Tulpen ausnahmslos in sommertrockenen Regionen vorkommen, steht ihnen die Physik zur Seite. Im Gegensatz zu Mitteleuropa, wo im Boden Nährstoffe durch Regen von der Oberfläche nach unten, und damit von den Pflanzen weg- gespült werden, drücken sie sich in heißen Regionen mitsamt der Feuchtigkeit aufgrund der Kapillarwirkung des Bodens nach oben – und damit direkt zu den Tulpenwurzeln. Deshalb hungern Tulpen in sehr sandigen Böden und gemäßigten Klima über die Jahre aus und freuen sich über gelegentliche Düngergaben.

mit gut durchlässiger Boden. Großblütige Tulpen können in sonnigen Beeten genauso glücklich werden, allerdings brauchen sie mehr Nährstoffe, um regelmäßig zur Blüte zu gelangen.

Empfehlenswerte Arten für trockene Beete sind *Tulipa clusiana* und alle Hybriden, an denen diese Art beteiligt ist. Typisch für diese Tulpen sind die roten Rückseiten der äußeren Blütenblätter, die in reizvollem Kontrast zu den gelben oder weißen inneren Blättern stehen. Daher sehen diese Tulpen bei bedecktem Himmel gestreift aus; bei Sonne blühen sie auf und stehen wie leuchtende Sterne im Beet.

Eine farbenprächtige Gruppe unter den Wild-Tulpen ist *Tulipa humilis*, von denen zahlreiche Sorten zwischen Lila, Pink, Weiß und leuchtendem Purpur erhältlich sind. Cremefarbene Sterne mit gelber Mitte und das gleich zu mehreren an einem verzweigten Stängel erhält man mit *Tulipa turkestanica*, ähnlich, aber mit weniger Blüten pro Austrieb erscheint *T. biflora*. Gelbe Blüten bieten dagegen *Tulipa batalinii*, genauso wie T. *dasystemon*, die bekannte T. *tarda* sowie T. *sylvestris*. Letztere ist unglaub-

Weil sie als erstes blühen, können sich Tulpen auch in älteren, dicht verwachsenen Beeten gut halten. In größeren Drifts, gemeinsam mit Traubenhyazinthen, sorgen sie so für Farbe früh im Jahr.

Vorne *Tulipa clusiana*, dahinter einige größere Triumph-Tulpen und der gelbgrüne Färberwaid, der schon am Anfang April hohe Blütenstände treibt.

lich elegant, mit nickenden Blüten auf langen Stielen, tendiert aber auf manchen Böden zu Blühfaulheit, weshalb ich mit ein paar Zwiebeln testen würde, wie sie sich bei Ihnen im Garten verhält.

Für ein Beet sind vor allem Pflanzen relevant, die gemeinsam mit den Tulpen blühen oder zumindest mit ihrem Austrieb mit den Blüten harmonieren. Ob das verwelkende Laub danach verdeckt wird, muss bei Wild-Tulpen nicht im Fokus stehen, da die meisten Arten recht schmale Blätter haben und an heißen Standorten rasch einziehen.

Gleichzeitig blühen Traubenhyazinthen, die genauso trockene Standorte bevorzugen. Bei den Stauden ist die Auswahl noch klein: Bergenien sind denkbar, ebenso frühe Wolfsmilch-Arten (*Euphorbia polychroma*, *E. fragifera*, *E. myrsinites*) sowie frühe Katzenminzen (*Nepeta × racemosa*).

Wenn's ans Bestellen geht

Beim Pflanzen von Wild-Tulpen darf nicht gespart werden: Weil diese Tulpen kleiner sind als die bekannten großblütigen Gartensorten, sind Gruppen von 50 bis 100 Stück das Minimum, um den erwünschten Effekt zu erreichen.

NAME	BESONDERHEITEN	SORTEN/ALTERNATIVE ARTEN
TULPEN FÜR TROCKEN-HEISSE STANDORTE		
Tulipa batalinii	gelbe Blüten, silbernes Laub, niedrig	'Bright Gem', 'Yellow Jewel'
Tulipa clusiana	die Art blüht rot-weiß	'Cynthia' (gelb-rot)
Tulipa hageri	bernsteinfarben, außergewöhnlich	
Tulipa humilis	zahlreiche Sorten in verschiedenen Farben	'Persion Pearl' (purpur)
Tulipa linifolia	leuchtend rot, schmales Laub	ähnlich, aber gelb: 'Honky Tonk'
Tulipa praestans	Blütenstände verzweigt, mehrere Blüten	'Shogun' (sanftes Orange), u. a.
Tulipa saxatilis	blassrosa mit gelber Mitte	
Tulipa sylvestris	Weinbergstulpe, gelb, nickende Blüten	
Tulipa tarda	weiß mit gelbem Inneren, wüchsig	
Tulipa turkestanica	mehrere weiße Blüten mit gelber Mitte	
Tulipa whittallii	orange-braun, hellere Außenseiten	
Tulipa-clusiana-Hybriden	üppiger mit größeren Blüten	'Peppermintstick', 'Lady Jane'
STAUDEN, DIE GLEICHZEITIG BLÜHEN		
Bergenie *Bergenia cordifolia*	große, fleischige Blätter, im Frühling auffällige Blütenstände, sehr robust	diverse Sorten, 'Eroica', 'Silberlicht', 'Oeschberg' (Winteraspekt)
Wolfsmilch *Euphorbia fragifera*	niedrige Art, reiche Blüte ab Ende April	auf sehr mageren Böden ist *Euphorbia cyparissias* empfehlenswert (Ausläufer)
Walzen-Wolfsmilch *Euphorbia myrsinites*	lagert mit Trieben am Boden, legt sich gerne über kleine Mauern	*Euphorbia rigida* (ähnlich, aber aufrechtwachsend)
Gold-Wolfsmilch *Euphorbia polychroma*	bekannte frühblühende Art, braucht Nährstoffe und tiefgründigere Böden	'Major' (größere, grünlichere Blüten), 'Purpurea' (roter Austrieb)
Färberwaid *Isatis tinctoria*	hohe Zweijährige, gelbe Blütenwolken, toll als Hintergrund	*Isatis glauca*, sehr ähnlich, aber im ersten Jahr deutlich silbriges Laub
Katzenminze *Nepeta × racemosa*	früheste Art, blüht schon ab Ende April, Rückschnitt Ende Mai, damit sie erneut blüht	'Superba' (lila), 'Snowflake' (weiß)
STAUDEN MIT FRÜHEM AUSTRIEB		
Mannstreu *Eryngium planum*	große, üppige Blätter, später kleine Distelblüten auf großen Blütenständen	gesamte Gattung *Eryngium* und auch *Echinops* sind empfehlenswert
Atlas-Schwingel *Festuca mairei*	robustes, kompaktes Gras, treibt früh durch, frühe Blüte	niedriger, spätere Blüte: *Sesleria autumnalis*
Woll-Ziest *Stachys byzanthina*	grau-wolliges Laub, unkompliziert	'Silver Carpet' (kaum Blüten), 'Big Ears' (sehr großes Laub)
Echtes Eisenkraut *Verbena officinalis* var. *grandiflora* 'Bampton'	glänzend purpurroter Austrieb, später kleine lila Blütenwolken	weitaus höher, dafür keine Aussaat: *Verbena* 'Lavender Spires'

Das blühende Purpur von Indianernessel 'Häuptling' passt toll zu den dunkelblättrigen und silberlaubigen Partnerpflanzen. Bei sehr trockenem Boden hin und wieder schauen, ob sie Wasser braucht!

Exotische Kontraste

Trockenheit schön und gut - aber manchmal darf es auch etwas wilder sein. Und dann gießen wir eben, wenn es doch sein muss.

Kein Garten ohne Kompromisse: Wer Beete gerne auffälliger und mit mehr Kontrast mag, kann selbstverständlich trockenheitserprobte Stauden mit anderen kombinieren, die vielleicht doch hin und wieder einen Schluck Wasser benötigen. Gerade bei kleineren Beeten lassen sich die paar durstigen Kandidaten ohne viel Aufwand betreuen und insgesamt wird doch deutlich Wasser eingespart. So muss man, wie im Beispiel, nicht auf die vielen tollen *Echinacea*-Hybriden und die Indianernesseln (Monarda) verzichten, die gerne nährstoffreichere und auch feuchtere Standorte mögen und bei starker Trockenheit zu leiden beginnen.

Im gezeigten Beet, geplant von Joachim Hegmann, stehen Kontraste im Vordergrund. Das betrifft einerseits Farben, Wuchs und Blatttexturen, aber auch die Auswahl der Pflanzen, da ins Staudenbeet bewusst Exoten wie Wunderbaum und Eukalyptus spielerisch integriert wurden. Vom erwähnten Sonnenhut wurde die leuchtend rote Sorte 'Hot Papaya' dem silbernen Laub von Beifuß (*Artemisia ludoviciana*)

Dahlien statt Wunderbaum

Wer von der Giftigkeit abgeschreckt ist, kann einen ähnlichen Effekt mit rotlaubigen Dahlien der Bishop-Serie erzielen. Diese ungefüllten Sorten sind robust, wachsen bis über 1 m hoch und harmonieren gut mit Stauden. Wer Schnecken hat, zieht sie einfach im Topf vor, bis sie schon größer sind – dann kommen sie gut durch.

gegenübergestellt, dazwischen bringt die weiße Sorte 'Milkshake' Leichtigkeit ins Beet. Zusätzlich sorgt der blau-graue Mostgummi-Eukalyptus (*Eucalyptus gunnii* 'Azura') – winterhart bis −15 °C Grad – für einen exotischen Eindruck. Und ein paar eingestreute Wunderbäume mit rotem Laub (*Ricinus communis* 'Carmencita') unterstreichen diesen Effekt noch einmal. *Ricinus* wächst mit Feuchtigkeit zwar üppiger, kommt aber mit Trockenheit gut klar und bleibt dann eben kleiner, was für einen Platz im Staudenbeet gut passt.

Die straff aufrechte Form des silbernen Beifußes wird von den Duftnesseln, in diesem Fall *Agastache* 'Serpentine', weitergetragen; die Sorte ist schlank und wächst bis zu 150 cm hoch. Ähnlich wirken die Blauraute (*Perovskia* 'Filigran') und der im Frühsommer blühende Gelbe Fingerhut (*Digitalis lutea*). Letzterer ist als typischer Waldrandbewohner Hitze und Trockenheit gewöhnt und kann daher in solchen Pflanzungen gut bestehen. Im Gegensatz zum bekannten Roten Fingerhut, der zweijährig ist, verhält er sich langlebiger und besteht mehrere Jahre, vergleichbar mit einer Akelei.

Mit dem Scheinsonnenhut 'Hot Papaya' bringt man ein Beet weithin zum Leuchten – ein Nachteil ist eine Kurzlebigkeit, die man bei der Planung schon mitbedenken sollte.

Abgefangen werden diese Blütenkerzen von den schirmförmigen Blütenständen des Mannstreus (*Eryngium planum*), außerdem ist Blumen-Oregano (*Origanum* 'Herrenhausen') in das Beet eingestreut. Insgesamt bildet der filigrane Beifuß zusammen mit Heiligenkraut einen edel wirkenden, silbernen Teppich, in den auffällige Stauden in roten Farbtönen eingewoben werden. Blasse Blautöne verstärken den metallisch-silbrigen Schimmer im Beet.

Das Farbthema startet schon im Frühling mit Hyazinthen und Tulpen in den passenden Farben. Wer kühles Blau sucht, wird bei den Traubenhyazinthen (*Muscari armeniacum*) mit der Sorte 'Valerie Finnis' fündig. Anschließend sorgen Sternkugel-Lauch (*Allium christophii*) und Holländische Iris (*Iris × hollandica*) für Farbe, später im Sommer gesellt sich noch Kugel-Lauch (*Allium sphaerocephalon*) dazu und trägt den Kontrast zwischen leuchtenden Farben und silbernem Laub in den Herbst hinein.

Das Beet wurde auf gewöhnlichem, eher nährstoffreichem, sandig-lehmigem Gartenboden angelegt – die Pflanzen konnten also gut in die Tiefe wurzeln. Bei längeren Hitze- oder Trockenphasen wurde manuell gegossen. Je nach Bodenart können Wassergaben für Sonnenhut, Indianernessel und Wunderbaum angebracht sein; der Rest der Pflanzen wird gut klarkommen. Da einige Pflanzen kurzlebig, andere einjährig und weitere eventuell nicht winterhart genug sind, ist bei diesem Beet eine jährliche Überarbeitung und punktuelle Nachpflanzung einzuplanen!

Ungewöhnliche Pflanzen dominieren dieses Beetbeispiel: Vor allem die Verwendung des schnittverträglichen Eukalyptus inmitten von Stauden bietet enormes Kombinationspotenzial.

NAME	BESONDERHEITEN	SORTEN/ALTERNATIVE ARTEN
BASIS-ZUSAMMENSTELLUNG		
Duftnessel *Agastache* 'Serpentine'	bis 150 cm hoch, blaue Blütenkerzen; Duftnesseln sind generell eher kurzlebig	niedriger, langlebig: *Veronica* 'Hermannshof'
Weißer Beifuß *Artemisia ludoviciana* 'Valerie Finnis'	leuchtend silbernes Laub, bildet Ausläufer und wandert durchs Beet	*A. abrotanum* hat feines, aber grünes Laub, dazu Duft
Scheinsonnenhut *Echinacea* 'Hot Papaya' und 'Milkshake'	besonders die Sorten von *Echinacea* leben nur wenige Jahre, daher eine Nachpflanzung einplanen	große Auswahl an sehr auffälligen Farben, die Art *E. purpurea* ist ausdauernder
Mostgummi-Eukalyptus *Eucalyptus gunnii* 'Azura'	blau-graue, auffällige Blätter, Strauch bis 5 m Höhe, gut schnittverträglich	etwas größer und robuster: *Eleagnus angustifolia*, wirkt wie ein Olivenbaum, auch für Gefäße
Blauraute *Perovskia* 'Filigran'	Halbstrauch mit zartem Blütenstand, Rückschnitt im Frühling, durchlässiger Boden	'Little Spire' (niedriger), 'Lacey Blue' (größere Einzelblüten)
Roter Wunderbaum *Ricinus communis* 'Carmencita'	rotes, großes Laub, kuriose Blütenstände, nicht winterhart/als Einjährige zu ziehen	Achtung, giftige Samen
ERWEITERUNGSIDEE		
Indianernessel *Monarda* 'Häuptling'	purpurviolette Blüten und dunkles Laub, mag es nährstoffreich und nicht zu trocken	trockenheitsverträglicher ist *M. bradburiana*
Lampenputzergras *Pennisetum setaceum* 'Rubrum'	nicht winterhart, braucht Nährstoffe, purpurrotes, überhängendes Laub	winterhart: *Panicum virgatum* 'Rotstrahlbusch' (ab dem Sommer rote Blätter)
Roter Küchen-Salbei *Salvia officinalis* 'Purpurascens'	neue Triebe purpur, Pflanze wirkt daher lila, hübsch für Beetränder	einjährig, aber ähnlicher Effekt: *Basilikum* 'African Blue'
Purpur-Fetthenne *Sedum-telephium*-Hybride 'Karfunkelstein'	rotlaubige und rosablütige Sorte, toll zu silberlaubigen Partnern	weitere Sorten: 'Matrona', 'Purple Emperor', 'Red Cauli'
PFLANZEN FÜR DYNAMIK		
Wilde Möhre *Daucus carota*	zweijährig, herrlich schöne Doldenblüten, feines Laub	einjährig: *Orlaya grandiflora*
Purpur-Witwenblume *Knautia macedonica*	rote Blüten, schweben über Pflanzen, moderate Aussaat, robust, lange Blütezeit	'Mars Midget' (niedriger, kompakter)
ZWIEBELPFLANZEN		
Sternkugel-Lauch *Allium christophii*	große lila Blüten, schöne Blütenstände	*Allium schubertii*, noch skurriler, riesige Blütenstände
Bishop-Dahlien *Dahlia*	nicht winterhart, Sorten mit dunklem Laub und ungefüllten Blüten, eventuell Wassergabe notwendig	'Bishop of Dover' (weiß), 'Bishop of Llandaff' (leuchtend rot)
Traubenhyazinthe *Muscari armeniacum* 'Valerie Finnis'	eisblaue Blüten, bildet bald größere Gruppen	weiße Sorten: *M. botryoides* 'Alba', *M. aucheri* 'White Magic'

Natur pur mit heimischen Wildpflanzen

Von exotischer Üppigkeit zu heimischer Blütenfülle: Hier muss nicht gegossen oder nachgepflanzt werden, denn diese Stauden sind einiges gewöhnt!

Trockenheit und volle Sonne – genau das bevorzugt eine Vielzahl von mitteleuropäischen Pflanzen. An ihren Naturstandorten wachsen diese auf Magerrasen, schottrigen Gebirgshängen oder sie sind Kulturfolger, die an Böschungen, Ackerrändern oder anderen temporären Freiflächen ihre Refugien gefunden haben. Im Garten haben sie es oft schwer, weil Beete mit zunehmendem Alter zu dicht für sie werden. An heißen Problemstandorten mit naturgemäß schütterem Bewuchs sind sie daher eine gute Wahl. Und natürlich haben sie einen hohen ökologischen Wert, da viele Insekten – neben diversen Bienenarten vor allem auch Schmetterlinge – heimische Pflanzen benötigen.

Die Leitstauden dieser Pflanzung variieren nach Jahreszeit. Im Frühling, wenn alles erst austreibt, sorgt die Kuhschelle für Aufsehen. Im Mai übernimmt dann der Wiesen-Salbei (*Salvia pratensis*), der breite Büsche mit verzweigten Blütenständen

Wiesen-Salbei blüht genauso üppig wie Steppen-Salbei, aber seine Einzelblüten sind größer und der Wuchs etwas weniger straff. Gemeinsam mit Margeriten und Klatsch-Mohn führt er in den Frühsommer.

bildet. Wer hier variieren möchte, kann die weiße Variante verwenden oder mit weiteren Salbei-Arten ergänzen. Analog zu den Blütenwiesen der Voralpen könnte man auch eine Pflanzengesellschaft aus Schafgarbe (*Achillea millefolium*), Wiesen-Margerite (*Leucanthemum vulgare*) und Pfirsichblättrige Glockenblume (*Campanula persicifolia*) bilden. Auch die schon öfter erwähnten Kartäuser-Nelken (*Dianthus carthusianorum*) sowie blauer Lein (*Linum perenne*) blühen zu dieser Zeit und steuern rosa und blaue Blüten bei. Wer sich vor bunter Vielfalt nicht fürchtet, ergänzt noch um Sonnenröschen (*Helianthemum nummularium*) und Hornklee (*Lotus corniculatus*), die beide auch auf sehr trockenen Standorten problemlos gedeihen.

Als kleiner Halbstrauch ist die Dornige Hauhechel gut an Beeträndern aufgehoben. Zusammen mit Wildem Dost, Kartäuser-Nelken und Blauem Lein sorgt sie über Wochen für Blüten.

Meine Lieblingspflanze in dieser Zeit ist die Tauben-Skabiose (*Scabiosa columbaria*), deren lila Blütenköpfe an langen Stängeln über der Pflanzung schweben – und beinahe jede von ihnen ist mit einem Insekt besetzt. Im Juni gesellt sich dann noch die Ästige Graslilie (*Anthericum ramosum*) dazu, deren kleine weiße Blüten ähnlich wie die von *Gaura* zwischen den anderen Pflanzen tanzen. Eine imposante Staude, der etwas Platz zugestanden werden sollte, ist das Berg-Laserkraut (*Laserpitium siler*): Aus einem halbkugeligen Busch aus feinzerteiltem, festem Laub erheben sich die prächtigen Doldenblüten; sie zieren auch nach der Blüte noch lange das Beet.

Richtung Hochsommer lässt die heimische Blütenpracht dann etwas nach. Gute Kandidaten für diese Zeit sind die rosablühende Dornige Hauhechel (*Ononis spinosa*) und das gelbblühende Weidenblättrige Ochsenauge (*Buphthalmum salicifolium*). Wer Platz hat, sollte unbedingt ein paar Königskerzen einplanen. *Verbascum nigrum* hat den Vorteil, zumindest drei, vier Jahre zu überdauern, sodass man sich nicht wie bei den zweijährigen Königskerzen jedes Jahr um ausreichend Nachwuchs kümmern muss. Im Sommer blühen auch noch der Aufrechte Ziest (*Stachys recta*) sowie die Wegwarte (*Cichorium intybus*). Letztere kann recht hoch werden, sodass man sie besser im Beetinneren platziert.

Falls es sich bei Ihrem Beet um einen sehr trockenen, mageren Standort handelt, könnten sie auch noch zu den wilderen heimischen Pflanzen greifen, die in üblichen Beeten, wo es meist zu viele Nährstoffe gibt, gerne mal zu üppig wachsen. Ein Beetstreifen mit Kronwicke (*Coronilla* varia), Echtem Leinkraut (*Linaria vulgaris*) und Zypressen-Wolfsmilch (*Euphorbia cyparissias*) blüht rund ums Jahr und wird immer reich von Insekten besucht werden. Wer mutig ist, wirft noch Natternkopf (*Echium vulgare*), Färberkamille (*Anthemis tinctoria*), Dost (*Origanum vulgare*) und einen silbernen Beifuß (*Artemisia pontica*) ins Rennen und freut sich, dass einfach überall etwas wächst – und zahlreiche Insekten werden sich mitfreuen.

Pflege

Aus ökologischen Gründen sollte der vollständige Rückschnitt solcher Beete erst im Frühling erfolgen! Idealerweise darf der Schnitt noch einige Wochen liegen, um überwinternden Insekten eine Flucht zu ermöglichen. Ein punktueller Rückschnitt von stark aussäenden Pflanzen ist aber anzuraten, ebenso eine 5–10 cm dicke Mulchdecke aus Splitt.

Lila Blütchen, die über dem Beet schweben und auf so gut wie jeder sitzt eine Biene oder ein Schmetterling: Das ist die Tauben-Skabiose, eine dankbare und lang blühende Pflanze.

NAME	BESONDERHEITEN	SORTEN/ALTERNATIVE ARTEN
BASIS-ZUSAMMENSTELLUNG		
Weidenblättriges Ochsenauge *Buphthalmum salicifolium*	gelbe Margeritenblüten, bis 50 cm hoch, blüht den Sommer über	ähnlich, aber niedriger und kompakter: *Inula ensifolia*
Blutroter Storchschnabel *Geranium sanguineum*	kompakter, buschiger Wuchs, leuchtend pinkfarbige Blüten, langblühend	weiße und rosa Sorten, besonders weit rankend ist die Hybride 'Tiny Monster'
Gewöhnliches Sonnenröschen *Helianthemum nummularium*	kleiner Halbstrauch mit gelben Blütchen	abseits der Art gibt es jede Menge Sorten in Rot, Orange, Weiß und Gelb
Berg-Laserkraut *Laserpitium siler*	große weiße Blütendolden, langlebig, fein zerteiltes Laub, bis 120 cm hoch	zarter, schlanker: *Seseli pallasii, Seseli osseum*, gelb: *Bupleurum falcatum*
Gewöhnlicher Hornklee *Lotus corniculatus*	gelbe Blüten, bildet flache Polster, lange Blütezeit, enorm trockenheitstolerant	*Coronilla coronata* (höher, buschiger), *Hippocrepis comosa* (niedriger)
Dornige Hauhechel *Ononis spinosa*	dornenbewehrter kleiner Halbstrauch mit rosa Blüten, wie ein kleiner wilder Ginster	ähnliche Farbe: *Epilobium dodonaei* (oder weitere *Ononis*-Arten)
Wiesen-Salbei *Salvia pratensis*	üppige violette Blüte ab Mitte Mai, Insektenmagnet	*S. verticillata* in diversen Sorten
Tauben-Skabiose *Scabiosa columbaria*	lila Blütenköpfchen, erscheinen ab Ende Mai den ganzen Sommer über, Insektenmagnet	auch schön: *S. canescens, S. ochroleuca* (gelb), *Knautia arvensis*
ERWEITERUNGSIDEE		
Ästige Graslilie *Anthericum ramosum*	luftige, weiße Blütenstände, grasartiges Laub, sät sich aus, ohne zu stören	auch weiß, früher blühend und eine Zwiebel: *Ornithogalum umbellatum*
Kleines Mädesüß *Filipendula vulgaris*	astilbenartige weiße Blütenstände, toll zu Salbei oder anderen blauen Blüten	
Kuhschelle *Pulsatilla vulgaris*	auffälliger Frühblüher mit lila Blüte im März, schöne Samenstände	Gartensorten mit größerer Farbauswahl
Aufrechter Ziest *Stachys recta*	weit verzweigte, weiße Blütenstände, daher buschiger Wuchs, lange Blütezeit, Aussaat	*Stachys germanica* (rosa, aufrechter)
PFLANZEN FÜR DYNAMIK		
Wegwarte *Cichorium intybus*	hellblaue Blüten, verzweigter Wuchs, sehr genügsam	es werden selten weiße und rosa Auslesen angeboten
Natternkopf *Echium vulgare*	zweijährig, reiche Aussaat, Platzbedarf (tw. Rückschnitt nach der Blüte empfehlenswert)	etwas zahmer: *Anchusa officinalis* oder noch leuchtender Blau: *Anchusa azurea* ('Loddon Royalist', 'Dropmore')
Färberwaid *Isatis tinctoria*	zweijährige, frühblühende und bis zu 150 cm hohe Staude, sehr effektvoll schon im Mai	ähnlich: *Barbarea vulgaris* (mag mehr Nährstoffe, ist aber robust)
Schwarze Königskerze *Verbascum nigrum*	gelbe Kerzen, zweijährig bis kurzlebig, Blüte im Sommer	einige weitere *Verbascum*-Arten, ähnlich: *Agrimonia eupatoria*

Silberlaub und Gegenlicht

Was für die Pflanzen Schutz vor großer Hitze bedeutet, ist für uns ein Glücksfall in der Gartengestaltung: Silbernes Laub bietet enormes Gestaltungspotenzial.

In sonnigen Beeten ergeben sich mit grau- und silberlaubigen Pflanzen Gestaltungsmöglichkeiten, die über die Blütenfarbe und den Wuchs hinausgehen. Silber bringt, ähnlich wie helle Blüten, sommerliche Stimmung in eine Pflanzung und betont aufgrund des Kontrasts dunklere Farben. Was noch dazu kommt, ist eine weitere Eigenschaft dieses grauen Laubs: Es reflektiert nicht nur das Licht, sondern leuchtet im Gegenlicht und ist daher wie geschaffen dafür, in Beeten mit Morgen- oder Abendlicht gepflanzt zu werden. Stauden mit „behaarten" Blütenständen, die aus der Umgebung herausragen, bringen so Pflanzungen zum Strahlen, und sorgen für stimmungsvolle Gartenbilder. Weil viele von uns ihren Garten an den meisten Tagen nur am Morgen und am Abend sehen, ist es durchaus angebracht, solche Kombinationen bewusst zu pflanzen. Ganz ähnlich erklärt sich die Wirkung von Gräsern, deren feine Rispen das Licht einfangen und damit Licht und Helligkeit zwischen die Blüten einer Pflanzung mischen – man denke an die Blüten von *Stipa gigantea*, die weit über den anderen Pflanzen schweben.

Die korrekte Bezeichnung für die erwähnten Pflanzenhaare lautet Trichom und bezeichnet haarartige Strukturen, die für ihre Träger einige nützliche Eigenschaften mit sich bringen. Eine davon ist die schon erwähnte Reflexion von Licht, die bei Pflanzen aus heißen Regionen

Der Woll-Ziest ist wohl die bekannteste silberlaubige Pflanze. Aber auch Vexiernelken überzeugen mit ihrem Blattwerk und sogar Katzenminzen, Skabiosen und der Bartfaden haben behaarte Stängel und Blätter.

die direkte Sonneneinstrahlung auf empfindliche Pflanzenteile verringert und damit auch Abkühlung bewirkt. Bei einigen Arten wirken die Haare unter anderem als Fraßschutz vor Insekten – darunter fällt auch die Produktion ätherischer Öle, die bei Berührung der Härchen frei werden. Andere Pflanzen halten sich mit Hilfe der Behaarung an Gewächsen rundherum fest; sie „kleben" quasi, eine Eigenschaft, die häufig mit der botanischen Artbezeichnungen „viscosa" aufgegriffen wird. Und manche, wie die Brennnessel, haben sogar flüssigkeitsgefüllte Brennhaare, deren Spitze bei Berührung an einer Sollbruchstelle abbricht, hautreizende Substanzen freisetzt und dann die bekannten Symptome verursacht.

Zu den bekanntesten behaarten Pflanzen gehören sicherlich der Woll-Ziest (*Stachys byzanthina)*, Vexiernelken (*Lychnis coronaria*), Lavendel sowie sämtliche graulaubige Beifuß-Arten (*Artemisia*). Auch Katzenminzen und Salbei-Arten verfügen über Trichome, außerdem fast alle Vertreter der Raublattgewächse und damit Natternkopf und Ochsenzunge. Genauso sind die Stängel von Skabiosen und Witwenblumen mit kleinen Härchen besetzt. Wer genau hinschaut, wird noch bei vielen Stauden mehr diese Anpassung entdecken, denn nicht alle schimmern silberlaubig – beim Fingerhut, insbesondere bei *Digitalis lanata*, sind etwa vor allem die Blütenstände behaart. Bei manchen Stauden fällt auch auf, dass sich besonders neue Triebe weich anfühlen.

Am besten lässt sich diese Pflanzenbehaarung in Szene setzen, indem sie von Morgen- oder Abendsonne bestrahlt werden kann: Dann leuchten die Pflanzenhärchen und steigern die Wirkung der Pflanzung.

Der Italienische Natternkopf, eine attraktive zweijährige Pflanze, trägt nur kleine weiße Blütchen. Seine Präsenz im Beet beruht vor allem auf den Haaren, die dicht wie ein Pelz die Pflanze überziehen.

Ganz anders als die bisher genannten Pflanzen haben graulaubige Stauden wie die Spornblume, einige Schwertlilien sowie Nelken- und Wolfsmilch-Arten eine glatte, grau bewachste Blattoberfläche. Sie reflektiert genauso das Sonnenlicht, das Laub wirkt in Pflanzungen aber eher bläulich und passt daher besonders gut zu lila- und blaublühenden Nachbarpflanzen. Gemeinsam mit gelben Blüten kann man so unterschwellige Kontraste schaffen, die einer Pflanzung besonderen Reiz verleihen. Der Vorteil all dieser hellen Blattstrukturen ist, dass sie auch bei bedecktem Wetter schön anzusehen sind und ähnlich wie weiße Blüten für Aufhellung sorgen. Vor dunklen Hintergründen, gemeinsam mit violetten oder roten Blüten, strahlt silbernes Laub, egal ob mit oder ohne Härchen, besonders hell.

Nicht zuletzt verbinden wir graues Laub intuitiv mit heißen, sonnigen Pflanzengesellschaften, sodass man damit schnell südliche, sommerliche Stimmung kreieren kann. Nicht zuletzt wegen ihrer Ähnlichkeit zum Olivenbaum finden Weiden-Birne (*Pyrus salicifolia*) und Schmalblättrige Ölweide (*Elaeagnus angustifolia*) in der Gartenverwendung so hohen Zuspruch.

NAME	BESONDERHEITEN	SORTEN/ALTERNATIVE ARTEN
GRAUES LAUB MIT BEHAARUNG		
Silbergarbe *Achillea umbellata*, u. a.	bilden meist niedrige, silbrige Teppiche, über denen sich die weißen Blüten erheben	*Achillea clypeolata* (gelbe Blüten und silbernes Laub)
Perlkörbchen *Anaphalis*	flächig-kompakt wachsende Pflanzen mit weißen, strohblumenartigen Blüten	wachsen auch auf sehr mageren Böden
Blaue Rasselblume *Catananche caerulea*	hellblaue Blüten, schmales, graues Laub, Selbstaussaat	auch weiße und rosa Sorten existieren
Silber-Fiederpolster *Cotula hispida*	sehr niedrige Polsterpflanze, für den Vordergrund, kleine gelbe „Antennenblüten"	sehr schön auf Mauerkronen oder zwischen Steinen
Natternkopf *Echium italicum*, *E. vulgare*	zweijährig, Achtung vor starker Selbstaussaat, eventuell gezielt vorziehen	etwas zahmer: *Anchusa officinalis*, *A. azurea*
Currykraut oder Italienische Strohblume *Helichrysum italicum*	bei durchlässigem Boden gut winterhart, deutlicher Curryduft	etliche weitere Arten warten auf Gartenkultur
Salbei *Salvia*-Arten	attraktiv in Blatt und Blüte, allesamt Insektenmagneten	besonders silber: *S. argentea*, *S. officinalis*, *S. atropatana*
Graues Heiligenkraut *Santolina chamaecyparissus*	hübscher auch im Winter belaubter Halbstrauch, kleine gelbe Blüten	'Edward Bowles' blüht cremefarben
Griechischer Bergtee *Sideritis syriaca*	benötigt unbedingt einen durchlässigen Standort, gelbe Blüten, duftendes Laub	*S. hyssopifolia* für magere Standorte (Laub weniger grau)
Woll-Ziest *Stachys byzanthina*, *S. germanica*	Woll-Ziest ist ein guter Bodendecker, sät sich moderat aus, *S. germanica* wächst aufrecht	*S. byzanthina* 'Big Ears' blüht weniger, ebenso 'Silver Carpet'
Silberblatt-Margerite *Tanacetum hardjanii*	schöner Halbstrauch für Mauern, weiße Blüten	noch niedriger: *T. densum* subsp. *amanii*
Seidenhaar-Königskerze *Verbascum bombyciferum*	bis zu 2 m hoch, schlank, zweijährig, große Blattrosette im ersten Jahr	*V. olympicum* (weniger silbern, Blütenstand verzweigter)
GRAU-BLAUES LAUB MIT GLATTEM BLATT/WACHSSCHICHT		
Rote Spornblume *Centranthus ruber*	dankbare Staude für schwierige Standorte, Selbstaussaat	gibt es auch mit weißen Blüten
Mannstreu *Eryngium*-Arten	allesamt attraktive Distelarten, einige höher, andere niedriger, Insektenmagneten	Elfenbeindistel (*Ptilostemon afer*, auffälliges Laub, zweijährig)
Wolfsmilch *Euphorbia* (mehrere Arten)	besonders bläulich: *E. myrsinites*, *E. rigida*	für geschützte Stellen: *Euphorbia characias* subsp. *wulfenii*
Schleierkraut *Gypsophila*-Arten	allesamt nette Pflanzen für sonnige Beete, kleine weiße oder rosa Blütchen	*G. paniculata* (bis zu 1 m), *G. repens* (etwa 40 cm)
Blaustrahl-Wiesenhafer *Helictotrichon sempervirens*	überhängende Blüten, wuchert nicht, ca. 80 cm hoch	weitere blaue Gräser: *Festuca cinerea*, *Festuca ovina*
Blaugrünes Schillergras *Koeleria glauca*	bis zu 40 cm hoch, horstig wachsend, mag es trocken und mager	*Avenula adsurgens* subsp. *adsurgens* (kurze Ausläufer, frühe Blüte)
Ginster-Leinkraut *Linaria genistifolia* var. *dalmatica*	aufrechte, gelbe Blütenrispen im Frühsommer, nicht wuchernd	auch *Linaria purpurea* hat tolles Laub, sehr robust (Aussaat)
Wein-Raute *Ruta graveolens*	bläulich glänzendes Laub, gelbgrüne Blüten, Halbstrauch, Achtung: phototoxisch!	besonders blaues Laub: 'Jackman's Blue'

Bunte Kiesbeetwiese

Leuchtende Blüten und abwechslungsreiches, feingliedriges Blattwerk sorgen in diesem Beet für südliche Stimmung.

Salvia przewalskii blüht später als der Steppen-Salbei und passt daher bestens zur Färberkamille, die ebenfalls ab Mitte Juni in Vollblüte geht. Beide blühen nach Rückschnitt noch einmal.

Das hier gezeigte Beet ist eine noch junge Anlage, die sich aktuell in ihrer zweiten Saison befindet. Da der lehmdurchsetzte Boden an dieser Stelle aufgrund einer großen Betonfläche stark verdichtet war, wurde nach deren Entfernung ein Teil des Lehms entfernt und im gleichen Arbeitsschritt der Untergrund mit mehreren Drainagegräben trockengelegt. Die Hügelform des Geländers erleichterte diesen Plan, weil das Wasser so von selbst abfließt. Dazu kommt, dass die gesamte Fläche Richtung Süden geneigt ist. Danach ließ ich rund 20 cm Sand und etwas lockere Erde aufbringen und vermischen; in dieses Substrat wurde dann gepflanzt. Den Abschluss bildet eine mindestens 5 cm dicke Splittschicht, die ich jedoch noch mindestens verdop-

Österreichischer Beifuß treibt Ausläufer und webt sich mit schlanken, silbrig-leuchtenden Trieben in eine Pflanzung. Begleitet wird er von Katzenminze, Salbei und Tauben-Skabiose.

peln werde, da von den Wiesen rundherum viel Anflug zu beobachten ist und auch die Aussaat innerhalb des Beets so viel zu stark ausfallen würde.

Für die Bepflanzung war eine wiesenhafte, lockere Bepflanzung geplant, durchsetzt mit Gräsern und etlichen herumwandernden Pflanzen; dazu viele silbernes Laub und allerlei Gewächse, die ich schon immer einmal ausprobieren wollte. Nach einem eher verhaltenen Start – wenige Wochen nach der Pflanzung wurde das Beet durch Hagel dem Erdboden gleichgemacht – entwickelten sich die Pflanzen gut. Sie blühten zum Teil im ersten Sommer schon und kamen, was für mich viel wichtiger war, allesamt gut durch den Winter, der hier am Alpennordrand zumeist ziemlich feucht ist.

Nach der Blüte der Tulpen übernahm im Frühling der Färberwaid (*Isatis tinctoria*) eine tragende Rolle. Da diese attraktive, schon Anfang Mai bis zu 1,5 m hohe Staude nur zweijährig ist, muss man sie entweder jährlich vorziehen oder die Aussaat dementsprechend moderieren. Ihre gelben Blütenwolken bleiben ein paar Wochen ansprechend Gelbgrün, ehe die Samen innerhalb weniger Tage ins Schwarze wechseln. Im Beet verteilt blühen am Mai verschiedene Katzenminzen, dazu kommen einige Salbei-Arten.

Um den erwünschten lockeren Wiesenaspekt möglichst bald zu erreichen, wurden vorrangig frühblühende Gräser verwendet: Bei Atlas-Schwingel (*Festuca mairei*), Wiesenhafer (*Avenula adsurgens* subsp. *adsurgens*) und Nordamerikanisches Federgras (*Hesperostipa comata* var. *comata*) erscheinen schon ab Ende Mai Blütenähren, ähnlich früh ist das Riesen-Federgras (*Stipa gigantea*) dran, von dem ein großes Exemplar in der Mitte des Beets wächst. Für später im Jahr ist außerdem direkt über einem Drainagegraben der Tropfensame (*Muhlenbergia rigens*) gepflanzt, dessen lange, sehr auffällige Blüten im Spätsommer über dem vergleichsweise niedrigem Blattschopf stehen.

Für Farbe sorgen vorrangig kleinblütige, zarte Wildpflanzen, die an langen Stängeln über der Pflanzung schweben. Mehrfach vertreten sind Tauben-Skabiose (*Scabiosa columbaria*) und Mazedonische Witwenblume (*Knautia macedonica*), die

Eines meiner Lieblingsgräser ist der Atlas-Schwingel, der schon früh im Jahr blüht und Leichtigkeit in eine Pflanzung bringt.

gleichzeitig mit Wiesen-Salbei (*Salvia pratensis*) und dem äußerst aparten Nickenden Salbei (*Salvia nutans*) blühen. An den Beetkanten, wo unsere Einfahrt verläuft, und entlang der Wege, von denen einige durchs Beet führen, habe ich niedrige Pflanzen verwendet. Eine der hübschesten ist der Haarige Bartfaden (*Penstemon hirsutus*), der ab Mitte Mai für einige Wochen mit seinen lila-weißen Blüten das Beet dominiert.

Farblich gibt es im Beet keine Einschränkungen: Blau und Violett dominieren, mit Präriesonnenhut, Färberkamille und Schafgarbe (*Achillea filipendulina* 'Coronation Gold') wurden jedoch bewusst leuchtend gelbe Akzente gesetzt. Als Kriterium für die Verwendung im Beet war vor allem die Insektenfreundlichkeit entscheidend, was sich in der Verwendung etlicher Lippenblütler, Disteln und vieler Wildpflanzen wie Wegwarte und Aufrechter Ziest niederschlägt. Das Beet braucht aufgrund der verschiedenen Wuchstypen doch einige Jät- und Gewichtungseingriffe, aber ich schätze die luftige Atmosphäre, die es verbreitet, und sein Leuchten, da es sowohl abends als auch morgens im tiefen Licht liegt.

NAME	BESONDERHEITEN	SORTEN/ALTERNATIVE ARTEN
HAUPTBESETZUNG BEET		
Gold-Garbe *Achillea filipendulina* 'Coronation Gold'	blüht ab Juni, silbriges Laub, bei Rückschnitt neue Blüte	auf sehr trockenen Standorten besser: *Achillea clypeolata*
Österreichischer Beifuß *Artemisia austriaca*	um die 50 cm hoch, ganz feines, silbernes Laub, bildet mit Ausläufern Gruppen	etliche weitere *Artemisia*-Arten
Kugeldistel *Echinops ritro* 'Veitch's Blue'	sehr trockenheitsverträglich, dunkelblaue Blütenkugeln, Insektenmagnet	*E. sphaerocephalus* (weiße Blüte, bis 1,5 m hoch)
Atlas-Schwingel *Festuca mairei*	frühblühendes, überhängendes, sehr attraktives Gras, horstig	*Sesleria autumnalis* (spätere Blüte, Wuchs ähnlich)
Nordamerikanisches Federgras *Hesperostipa comata* var. *comata*	wie ein frühes Federgras, lockerer, aufrechter und höher	*Nasella tenuissima, sehr auffällige, luftige Blüte, sät sich moderat selbst aus*
Färberwaid *Isatis tinctoria*	bis zu 1,5 m hoch, blüht schon im Mai, wie ein kleinblütiger Raps, zweijährig	*Isatis glauca* (Blüte nahezu ident, blaugraues Laub)
Haariger Bartfaden *Penstemon hirsutus*	breiter Busch mit enorm vielen lila-weißen Blütchen, lange Blütezeit, kompakt	es gibt eine weiße Form und eine sehr niedrige Unterart
Präriesonnenhut *Ratibida columnifera*	gelbe Blüten den Hochsommer über, locker-kompakter Wuchs	*R. columnifera* f. *pulcherrima* (rostrot)
Nickender Salbei *Salvia nutans*	violette Blüten an langen Stängeln, die elegant überhängen, niedriger Blattschopf	*Salvia* 'Saxdorf' (Kreuzung aus *S. nemorosa* und *S. nutans*)
Tauben-Skabiose *Scabiosa columbaria*	luftig-lockere Wiesenpflanzen, Insektenmagnet, leichte Aussaat	*Scabiosa ochroleuca* (gelb), *Scabiosa/Lomelosia graminifolia*
Aufrechter Ziest *Stachys recta*	verzweigte, weiße Blütenstände, buschiger Wuchs, lange Blütezeit, Aussaat	*Stachys germanica* (rosa, aufrechter)
Riesen-Federgras *Stipa gigantea*	niedriges Laub, lange Stängel mit großen Blütenrispen, genug Platz einplanen!	*Stipa capillata* (viel niedriger)
Ehrenpreis *Veronica* 'Hermannshof'	wie ein kleiner Kandelaber-Ehrenpreis, hält Trockenheit gut aus	höher, helleres Blau, noch trockener: *Veronica spuria*
PFLANZEN FÜR DYNAMIK		
Rosmarin-Weidenröschen *Epilobium dodonaei*	feinblättriges Weidenröschen, sät sich moderat aus, buschiger Wuchs	in milden Regionen: rote *Penstemon* probieren!
Gewöhnliche Madie *Madia elegans*	hübsche Einjährige mit gelben Blüten, ähnlich *Coreopsis*, buschig, hoch	keine ähnlichen Arten, am ehesten könnte man *Arctotis fastuosa* probieren
Klatsch-Mohn *Papaver rhoeas*	roter Mohn erträgt viel Trockenheit, bleibt aber niedriger	orange: *Papaver atlanticum*
Patagonisches Eisenkraut *Verbena bonariensis*	bekannte Sommerflorpflanze, überwintert manchmal, ansonsten Aussaat	*V. officinalis* (kleinere Blüten, buschiger, für Naturgärten), zwei- bis mehrjährig

Mauerkronen, Pflanzgefäße, heiße Minibeete

Blüten entlang von Mauern, neben Treppenaufgängen und im Mini-Beet neben der Terrasse? Wenig Platz bedeutet oft auch wenig Feuchtigkeit und eine heiße Umgebung.

Überraschend üppig wächst das Ginsterblättrige Leinkraut, selbst wenn es aufgrund eines Dachvorsprungs kaum Regen abbekommt. Anders als seine Verwandtschaft wird es im Garten nicht lästig.

Auch wenn es uns sehr freuen würde: Nicht immer sind im Garten große Beetflächen zu bepflanzen. Viel öfter sind es kleine Ecken, schmale Beetstreifen an Gebäuden, die der Regen nie erreicht, überhaupt nur ein größerer Trog oder eine heiße Stelle auf einer Mauer, die man gerne auch nett bewachsen hätte. Da trifft es sich gut, dass jede Menge Stauden genau an solchen Standorten am glücklichsten sind.

Zuallererst: An heißen Stellen ist es für den Erfolg einer Pflanzung förderlich, wenn die Wurzeln weit in den Untergrund wachsen können. Aus diesem Grund klappt es mit größeren Pflanzgefäßen besser als mit kleinen, und schmale, staubtrockene Beete am Haus werden dann am besten bewachsen, wenn eine Verbindung zum Untergrund besteht. Wurde das Substrat hingegen auf einen versiegelten Untergrund aufgetragen, also auf den Beton aufgeschüttet, verringert sich die Auswahl an Pflanzen doch deutlich. Wer mit geringen Humusschichten zu kämpfen hat, kann sich bei Pflanzlisten für die Begrünung von Garagen- und anderen Flachdächern Inspiration holen. Es gibt gar

Pflanzen für geringe Substratdicke

Speziell für Dachbegrünung sind Flach- und Kleinballen-Pflanzen erhältlich – oder man streut bei großen Flächen frisch abgetrennte Triebe von zumeist *Sedum*-Pflanzen auf das Substrat auf, wo diese anschließend einwurzeln. Auch Schnittlauch gedeiht bei wenig Substrat.

An Stellen, die sich richtig stark erwärmen, fühlt sich der Orientalische Gamander am wohlsten. Wichtig ist ein durchlässiger Untergrund, um vor allem im Winter Staunässe zu vermeiden.

nicht so wenige kleine Blütenpflanzen, die schon ab Substratdicken von 6–8 cm wachsen können.

Mauerkronen oder die Zwischenräume von Steinschlichtungen bieten prominente Plätze, die von überhängenden, tiefwurzelnden Stauden besiedelt werden können. Wer vom üblichen Polsterpflanzen-Sortiment abweichen möchte, wird mit Sizilanischem Seifenkraut (*Saponaria sicula var. intermedia*), Spanischem Gänseblümchen (*Erigeron karvinskianus*) und Myrthen-Aster (*Aster ericoides* subsp. *pansus* 'Snowflurry') Erfolg haben – sie wachsen überhängend und sorgen gestaffelt von Mai bis in den Spätherbst für Blüten.

Wer ein schmales, sonniges Beet im Regenschatten eines Gebäudes hat, kann es mit exotischeren Gewächsen probieren, die an den sonnigsten, heißesten Standorten auch bei uns gut gedeihen. Eine davon ist die Kolibritrompete (*Zauschneria*) aus dem Süden der USA, die in ihrer Heimat von den namensgebenden Kleinst-Vögeln besucht wird, bei uns aber auch die Bienen glücklich macht. Es handelt sich um eine Verwandtschaft der Weidenröschen und so sehen auch die Blüten aus – allerdings sind sie leuchtend orange, was gemeinsam mit dem silbrigen Laub eine auffällige Kombination ergibt. Dazu passen lila Blüten wie die von Orientalischem Gamander (*Teucrium orientale*), Ysop, Bartblume oder Lavendel. Ebenfalls mit orangen Blüten, aber weitaus höher wachsend, kommt die Wüstenmalve (*Sphaeralcea*) daher. Sie erinnert an eine Stockrose, nur mit kleineren Blüten und silbrig überhauchtem Laub und möchte knallheiß stehen – dann blüht sie den ganzen Sommer über.

Robust sind aber genauso alte Bekannte: Sie können an solchen Standorten mit den schon öfter erwähnten Woll-Ziest, Spornblume, Pfingst-Nelken und Walzen-

Tröge und Töpfe

Einfahrten, gepflasterte Vorplätze, versiegelte Aufgänge zur Haustür: Es gibt genug Gründe, mit Pflanzgefäßen arbeiten zu wollen. Achten Sie darauf, möglichst große Dimensionen zu wählen und geben Sie Stein dem Vorzug, da sich Kunststoff und Cortenstahl in der Sonne stark erwärmen. Wählen Sie als Substrat unbedingt mageren Boden! Am besten, Sie mischen mindestens zur Hälfte Sand unter; ganz unten darf eine Drainageschicht nicht fehlen.

Eine auffällige Staude ist das Sizilianische Seifenkraut: Es blüht mit dicken rosa Blütenständen den ganzen Sommer über. Weil die Triebe mit den roten Stängeln überhängen, passt es perfekt auf Mauern.

Wolfsmilch problemlos für Bewuchs sorgen. Auch die Rasselblume (*Catananche caerulea*) gedeiht an warmen Stellen bestens. Freunde von leuchtenden Farben werden die Mohnmalve (*Callirhoe involucrata*) rasch ins Herz schließen: Die horstig wachsende Staude webt mit langen Ranken pinkfarbige Blüten in die Nachbarpflanzen oder biegt sich elegant über Mauern oder Kanten von größeren Pflanztrögen.

NAME	BESONDERHEITEN	SORTEN/ALTERNATIVE ARTEN
PFLANZEN, DIE AN EXTREM TROCKENEN UND HEISSEN STANDORTEN WACHSEN		
Holziges Steinkraut *Alyssum markgrafii*	verholzt an der Basis, gelbe, luftige Blütenstände	auch A. *montanum* und A. *saxatile* sind sehr robust
Feinlaub-Junkerlilie *Asphodeline liburnica*	schmales Laub, hohe Blütenstände mit gelben sternförmigen Blüten	bekannter ist A. *lutea*, die Junkerlilie, in allen Teilen größer
Myrthen-Aster *Aster ericoides* subsp. *pansus* 'Snowflurry'	niedrig am Boden liegender Wuchs, hängt sich über Mauerkronen	größer: *A. pyrenaeus 'Lutetia'*, alle Sorten von *A. amellus*
Wild-Aster *Aster oblongifolius*	kompakter Wuchs bis 50 cm, lila Blüten, sehr robust	'October Skies', 'Raydon's Favourite'
Mohnmalve *Callirhoe involucrata*	leuchtend purpurne Blüten an längeren Ranken, ungewöhnlich	ähnlicher Effekt, aber kompakter: *Geranium sanguineum*
Bartblume *Caryopteris × clandonensis*	sonnenhungriger Halbstrauch, lila Blüten den ganzen Sommer über	verschiedene Sorten, unterscheiden sich in Farbe und Wuchshöhe
Rasselblume *Catananche caerulea*	hübsche himmelblaue Blüten, niedriges Laub, moderate Aussaat	'Alba' weiß, ähnlich, aber einjährig: *Xeranthemum annuum*
Pfingst-Nelke *Dianthus gratianopolitanus*	meist rosa Blüten, silbernes Laub, kompakter Polster	diverse Sorten
Spanisches Gänseblümchen *Erigeron karvinskianus*	für Mauerkronen, blüht den ganzen Sommer, moderate Aussaat, kurzlebig	*Erigeron annus* taucht gern von selber auf, enorme Aussaat
Walzen-Wolfsmilch *Euphorbia myrsinites*	lagert mit Trieben am Boden, legt sich gerne über kleine Mauern	*Euphorbia rigida* (ähnlich, aber aufrechtwachsend)
Ysop *Hyssopus officinalis*	kleiner Halbstrauch, Rückschnitt im Frühjahr, Insektenmagnet	'Alba' (weiß), 'Roseus' (rosa)
Ginster-Leinkraut *Linaria genistifolia* subsp. *dalmatica*	große, gelbe Blüten an aufrechten Kerzen, bis 120 cm, silbriges Laub, blüht von Mai bis September, verzweigt immer weiter	wo Wuchern erlaubt ist: L. *vulgaris*, sonst L. *purpurea*
Sizilianisches Seifenkraut *Saponaria sicula* var. *intermedia*	nicht wuchernd, polsterförmig-überhängend wachsend, auf Mauern	Kleiner wachsend: *Saponaria ocymoides*
Kugelmalve *Sphaeralcea incana*	orange Malvenblüten hübsches Laub, je trockener, desto besser	auch im Handel: *Sphaeralcea ambigua* 'Childerley'
Woll-Ziest *Stachys byzanthina*	bekannt, äußerst robust auch an heißesten Stellen	feingliedriger, aber ebenso silber: Arten von *Anaphalis*
Orientalischer Gamander *Teucrium orientale*	fein zerteiltes Laub, üppige lila Blüten	weitere *Teucrium*-Arten, etwa Sorten von *T. chamaedrys*
Kolibritrompete *Zauschneria cana*	orange Blütchen, silber-graues Laub, mögen es ganz heiß und trocken	einige Sorten, Unterschiede in Wuchs und Silberfärbung des Laubs

Weitere besondere Pflanzen, die bei Trockenheit gut wachsen

Wie immer in der Staudenwelt ist die Vielfalt überwältigend. Gerade für heiße Standorte gibt es neben Kultursorten noch eine Menge Wildpflanzen, die erst in unsere Gärten finden müssen.

Salvia viscosa hat ganz kleine Blütchen, die in weit verzweigten Blütenständen wie Wolken andere Pflanzen umschließen, wie hier die Knospen der Elfenbeindistel.

Wer sich mit dem Thema befasst, wird rasch entdecken, dass es zahlreiche weitere Stauden gibt, die bei Sonne, Trockenheit und durchlässigem Boden gut gedeihen. Fündig wird man vor allem in Raritätengärtnereien: Selten verwendete Arten und Sorten bekannter Gattungen, Wildpflanzen, die gerade erst für den Garten getestet werden, und manchmal auch gänzlich neue Pflanzen werden häufig in Schaubeeten präsentiert. Nicht selten fragt man sich, weshalb sie nicht schon längst in unseren Beeten zu finden sind!

Oft muss man nur bekannte Pflanzenfamilien näher betrachten, um Neues zu finden. So existieren in der großen Familie der Salbei-Arten einige zwar nicht winterharte Arten, die in sonnigen Beeten aber als Sommerblüher Verwendung finden können. Zum Überwintern kann man sie dann einfach ausgraben; sie wollen im Winter kühl und hell stehen, es reicht aber, wenn die Temperaturen knapp über 0 °C Grad bleiben. Wer lieber ausdauernde Pflanzen verwendet, wird mit einigen süd- und osteuropäischen Salbei-Arten Freude haben. *Salvia viscosa* etwa, der weitverzweigte, drahtige Stän-

Aus der Gattung der Drachenköpfe warten noch einige Überraschungen auf uns. Besonders hübsch ist *Dracocephalum ruyschiana* mit feinem, fast nadelartigem Laub – hier gemeinsam mit Sonnenröschen.

gel mit kleinen rosa Blütchen bildet, *Salvia atropatana* in Lila oder *Salvia staminea*, der bei aufrechtem Wuchs große, weiße Blüten trägt. Die gleiche Farbe zeigen der schlanke *Salvia austriaca*, der rund um den Neusiedler See zu finden ist, und auch der kurzlebige *Salvia argentea* aus dem südlichen Mittelmeerraum, dessen enorm behaarte Blattrosette silbern aus einer Pflanzung leuchtet.

Für die meisten kleineren Stauden mit ähnlich genügsamen Ansprüchen ist in erster Linie Konkurrenz eine große Gefahr. In beengten Beetsituationen, bei zu nährstoffreichen Standorten und wenn es zu wenig Sonne gibt, rücken ihnen Nachbarpflanzen zu sehr auf den Pelz, was in den allermeisten Fällen zu schlechtem Wuchs oder gar dem Verschwinden führt. Hat man nun eine magere, vollsonnige Stelle im Vordergrund eines Beets, an einer Mauerkrone oder in einem größeren Gefäß, so sind die Voraussetzungen viel besser. Auf der Suche nach niedrigen Pflanzen für den Vordergrund von Beeten, für Zwischenräume von Steinen oder für die Bepflanzung von Trögen sollte man deshalb das Steingartensortiment mitbedenken. Vor allem kleine, aber aufrecht wachsende Stauden können bei freiem Stand im Beet beeindruckende Wirkung entfalten. Ich denke dabei an die Lotwurz (*Onosma alborosea*), an Gelben Lein (*Linum flavum*), das lila Drachenmäulchen (*Horminum pyrenaicum*) oder die Gattung der Moltkien (vor allem *Moltkia doerflerii* und *M. petraea*).

Empfehlenswert sind überdies die kleinen Storchschnäbel, vor allem *Geranium cinereum*, von denen zum Beispiel die Sorte 'Ballerina' hellrosa Blüten mit dunklen Adern und dunkler Mitte trägt, die Unterart *G. cinereum* var. *subcaulescens* wartet mit leuchtend pinkfarbigen Blüten auf. Diese erscheinen den ganzen Sommer über und haben eine hohe Fernwirkung. Etwas höher wächst *Geranium dalmaticum*, das kleine Matten bildet und sich perfekt für den Abschluss von Beeten eignet; es blüht allerdings nur kurz.

Wenn Sie die Möglichkeit haben, sollten Sie auch bei den Drachenköpfen zugreifen. Die Gattung *Dracocephalum* bietet etliche trockenheitstolerante Arten, die vorwiegend violett-blau blühen und sich mit eher niedrigem Wuchs für den Beetvordergrund eignen. *Dracecephalum ruyschiana* hat dabei ganz feines Laub, *Dracocephalum austriacum* wartet mit leuchtend violetten Blüten auf, etliche weitere Arten warten auf unsere Entdeckung. In einer ähnlichen Größenliga spielt das Mittagsgold (*Gazania linearis*), das bei durchlässigem Boden selbst im Alpenraum die Winter gut übersteht. Seine leuchtend gelben Blüten erscheinen vom Frühsommer bis zum Frost, in der kalten Jahreszeit ziert sein Blattschopf aus schmalen, dunkelgrünen Blättern.

Wer lieber hohe und auffällige Stauden mag, sollte unbedingt ein Auge auf das Sortiment von Bärenklau (*Acanthus*) werfen. Mit den aufrechten Blütenkerzen voller riesiger Lippenblüten sind diese Pflanzen nicht nur für uns unwiderstehlich, sondern auch für die hübschen Holzbienen. Ein Hingucker sind auch die Fackellilien (*Kniphofia*) – sie mögen

Engelmannia peristenia blüht den ganzen Sommer über und kann bei zusagendem Standort verzweigte, blütenreiche Büsche bilden.

Gamander, wie hier *Teucrium* x *lucidrys*, sind äußerst trockenheitsverträglich, halten Schnitt gut aus und blühen im Hochsommer. Dazu sind sie bei Insekten beliebt – beste Voraussetzungen für eine Gartenkarriere also!

es gerne durchlässig und warm, brauchen allerdings doch etwas mehr Nährstoffe, um üppig zu wachsen. In solchen Fällen ist es auch möglich, punktuell zu düngen, um den Pflanzen ringsum nicht zu viele Nährstoffe zukommen zu lassen.

Trocken und heiß mögen es auch die roten und purpurfarbigen Sorten des Bartfadens (*Penstemon*-Hybriden), denen oft die Winternässe zum Verhängnis wird. An eine heiße Stelle mit durchlässigem Boden gepflanzt, sind ihre Chancen bedeutend höher.

Dazu passt gut der gelbe Scheinsonnenhut (*Echinacea paradoxa*), der im Gegensatz zu den bekannten Sorten des roten Scheinsonnenhuts auch mit trockenen und weniger nährstoffreichen Standorten gut klarkommt (wer es rosa mag, probiert *E. pallida*). Gelb blüht auch *Engelmannia peristenia*, eine attraktive Wildstaude aus dem Süden der USA, deren Blüten den ganzen Sommer über erscheinen. Einen Versuch ist außerdem der Rote Prärieklee (*Dalea purpurea*) wert, eine hübsche Wildstaude aus den USA, die in letzter Zeit vermehrt angeboten wird. Man könnte ihm *Monarda bradburiana* zur Seite stellen, eine aromatisch duftende, hellrosa blühende Indianernesselart, die trockene Böden bevorzugt und aus deren Blättern man sogar Tee kochen kann. Sie bleibt mit rund 40 cm Höhe bedeutend niedriger als ihre bekannte Verwandtschaft.

Für ein Blütenmeer im Spätsommer sind Astern eine gute Wahl. Neben *Aster alpinus* und *Aster amellus* eignen sich neben etlichen weiteren auch *Aster pyrenaeus* 'Lutetia' oder *Aster laevis* für trockene Beete. Und nicht zuletzt sind viele Kräuter eine passende Wahl für trockene Standorte: Sie entwickeln dann besonderes viele ätherische Öle. Nicht nur Thymian, der in einer Vielzahl an Arten und Sorten erhältlich ist, auch das Berg-Bohnenkraut (*Satureja montana*) in mehreren Varianten passt gut ins sonnige Beet. Und ein Geheimtipp ist auch noch der Gamander (*Teucrium*): Neben dem von mir oft verwendeten, komplett unverwüstlichen *Teucrium hircanicum*, das mit seiner Aussaat auf fetteren Böden schon mal eine Herausforderung werden kann, gibt es eine Menge horstig wachsender Arten. Besonders attraktiv ist der schnittverträgliche und reichblühende *Teucrium* × *lucidrys* – sein Laub duftet auch noch und er ist auch im Winter grün. Beste Voraussetzungen für die erste Reihe!

Trockener Schatten

Wenn das Blätterdach von Bäumen Regen abschirmt, herrschen schnell trockene Bedingungen – doch auch im trockenen Schatten kann es grünen und blühen.

Auch wenn das Thema dieses Buches trockene Beete in der Sonne sind, so wird doch trockener Schatten am häufigsten genannt, wenn es um Problemzonen im Garten geht. Daher sei dieser kleine Exkurs erlaubt, in dem ich einige Kombinationen mit robusten Stauden vorstellen möchte, die auch an schwierigen Stellen unter Gehölzen überleben können.

Vorab: Dicht durchwurzelter Boden unter Nadelbäumen, im Traufbereich von immergrünen Gehölzen wie Eiben oder Thujen sowie Bereiche nahe am Stamm, der gerade bei älteren Bäumen keinen Humus mehr birgt, ist auch für die robustesten Pflanzen eine Herausforderung. Wer für dort eine rasche und attraktive Lösung sucht, wird mit einem Topfgarten glücklicher werden – selbst wenn man dann doch hin und wieder ans Gießen denken muss.

Einer der robustesten Bodendecker für den trockenen Schatten ist die gelbblühende, wintergrüne Elfenblume *Epimedium × perralchicum* 'Frohnleiten'.

VORBEREITUNGEN

Ist jedoch noch etwas Erde vorhanden oder bietet die Stelle sogar das Potenzial, mit Laub mulchen zu können, so sollten unbedingt Besiedelungsversuche gewagt werden. Im Grund sind die Unterschiede von solchen Standorten zu sonnigen Beeten gar nicht so groß, vor allem deshalb, weil der Stammbereich von Gehölzen am Morgen und Abend oft

Wo alles andere scheitert, darf man ruhig mal mit raschwüchsigeren Pflanzen experimentieren. Das Hohe Helmkraut bleibt nahe am Stamm eines Nussbaums bei mir recht zahm.

Geranium gracile und Gelber Scheinmohn sind ein robustes Duo, das im Frühsommer für Blüten sorgt und so an Blausternchen, Schneeglöckchen und Co. anschließen kann. Farne ergänzen die Pflanzung.

sehr starker Sonneneinstrahlung ausgesetzt und damit nur über Mittag im eigentlichen Sinne schattig ist. Im Gegensatz zur Sonne, wo die Trockenheit durch die Sonneneinstrahlung und möglicherweise durchlässige Böden bedingt ist, sind es im trockenen Schatten die Gehölze, deren Blätterdach Regen abschirmt und deren Wurzeln dem Boden Feuchtigkeit entziehen. Der Schlüssel zu einem funktionierenden Beet liegt also auch hier in einer achtsamen Bodenvorbereitung, mit der die Bedingungen verbessert, die Gehölze aber nicht in Schwierigkeiten gebracht werden. Auf Flächen, wo kaum mehr etwas wächst, ist es am einfachsten, den Boden vorsichtig zu lockern und wo es geht umzugraben.

Laubhumus wirkt beim Anlegen von Schattenbeeten wie ein Lebenselixier und sollte in keinem Garten fehlen. Man stellt ihn her, indem herbstliches Falllaub an einer schattigen Stelle des Gartens aufgeschichtet und sich selbst überlassen wird. Wer den Vorgang beschleunigen möchte, kann das Laub schon vor dem Lagern häckseln oder überhaupt mit Rasenmäher aufsammeln. Wenn es länger nicht regnet, kann es helfen, den Haufen gelegentlich zu gießen. Auch Umsetzen, analog zu Kompost, führt schneller zum Ziel. Aber auch wer einfach alles liegen lässt und wartet, bekommt nach spätestens zwei Jahren und ungeachtet der gesammelten Laubarten herrlich duftende, schwarze Walderde. Dieses wertvolle Substrat kann für Neuanlagen im Schatten genutzt werden, es dient als jährliche Mulchschicht im Schatten und man kann Waldpflanzen bei der Vermehrung darin topfen – die Erde saugt Feuchtigkeit gut auf, beinhaltet genügend Nährstoffe für gutes Wachstum und ist mit Mikroorganismen und wachstumsfördernden Mykorrhiza-Pilzen nur so getränkt.

Danach wird Laubhumus etwa 10–15 cm dick aufgetragen. Wo es geht, mischt man ihn mit dem gelockerten Boden und dann wird in diese lockere Schicht gepflanzt. Die neuen Pflanzen haben nun ein kurzes Zeitfenster, in dem ihnen genug freier Boden zur Verfügung steht, ehe die Baumwurzeln nach oben wachsen und den Boden wieder in Beschlag nehmen. Sind die Stauden dann einmal eingewachsen, kommen sie mit dem Wurzeldruck gut klar und werden sich sogar ausbreiten oder aussäen. Höhere Aufschüttungen sollten vermieden werden, weil einige Gehölze darauf äußerst verschnupft und im Extremfall mit Absterben reagieren können. Was bei mir bislang gut geklappt hat, sind Stein- und Holzschlichtungen, die Geländeunterschiede sanft auffangen und dann mit Lauberde in der empfohlenen Höhe aufgefüllt werden können. Das ist vor allem dann eine praktische Vorgehensweise, wenn sich der Untergrund aufgrund starker Durchwurzelung nicht mehr so leicht auflockern lässt.

MULCHEN, AM BESTEN MIT LAUB

Nach der Pflanzung sollte im Schattenbereich auf alle Fälle gemulcht werden. Stauden, die an schattige Standorte angepasst sind, benötigen jedes Jahr aufgestreutes Laub, da es langsam verrottet und zu Erde wird. Es gibt genau die richtigen Nährstoffe frei und lässt mit den Jahren einen Boden entstehen, der auch der Keimung von neuen Pflanzensämlingen enorm zuträglich ist. Wer mit Holzhäcksel mulchen möchte, sollte am Beginn eine geringe Menge organischen Dünger zuführen, da Holz bei der Verrottung in der ersten Phase Stickstoff benötigt und es daher gerade in der Konkurrenzsituation mit Gehölzen zu Mangelerscheinungen bei den neuen Pflanzen kommen kann. Über die Jahre und mit ständiger Zufuhr von neuem Material pendelt sich das Verhältnis dann ein. Rindenmulch sollten Sie auch im Schatten besser nicht verwenden.

Wichtig ist, nach dem Pflanzen regelmäßig zu gießen, da Regenfälle nicht immer in ausreichendem Ausmaß bis an den Boden gelangen und außerdem die Gehölze einen Teil der Feuchtigkeit sofort aus dem Boden ziehen. Schattenstauden an schwierigen Standorten brauchen daher länger als Stauden auf sonnigen Freiflächen, um ihr Wurzelsystem zu etablieren. Einmal eingewachsen, sind sie aber

Halbverrotteter Laubhumus ist das beste Substrat, um Beete anzulegen oder vorhandene Pflanzungen zu mulchen, denn in genau dieser Schicht würden die Pflanzen im Wald wachsen!

Frühlingsplatterbsen sind erstaunlich robust und können gut mit anderen Stauden, wie hier Süßer Wolfsmilch ('Chameleon') und Busch-Windröschen kombiniert werden.

umso robuster. Man kann sie unterstützen, indem man im Winterhalbjahr regelmäßig mit Laub mulcht. Das ist vor allem dann wichtig, wenn sich das Beet unter Nadelbäumen befindet, wo sich generell weniger Humus aufbaut oder gar im Windschatten von Gebäuden, wo zwar Schatten herrscht, von selbst aber gar kein Laub hingelangt. Denn nur mit einem gesunden Bodenleben gelingt es, im trockenen Schatten eine selbstständige, ausdauernde Pflanzengesellschaft aufzubauen!

ROBUSTE PFLANZEN FÜR DEN TROCKENEN SCHATTEN

Was wächst aber nun an solchen Standorten? Am Naturstandort sind es vor allem Geophyten, die sich an Wurzeldruck und sommerlichem Lichtmangel angepasst haben. Sie nützen den feuchten Frühling mit laublosen Gehölzen für ihre Schnellperformance und sind im Frühsommer allesamt wieder verschwunden. Zu ihnen zählen bekannte Arten wie Schneeglöckchen (*Galanthus nivalis*), Blaustern (*Scilla bifolia*, *S. sibirica*), Vorfrühlings-Alpenveilchen (*Cyclamen coum*) und Schneeglanz (*Chionodoxa luciliae*). Im April und Mai schließen dann weitere Geophyten an, die sich mit Speicherorganen einen Wettbewerbsvorteil erschlossen haben, aber meist nicht als Zwiebelpflanzen, sondern in Form von Stauden im Topf vertrieben werden. Zu ihnen zählen Busch-Windröschen (*Anemone nemorosa*), Lerchensporn (*Corydalis cava*, *C. solida*), Zwiebel-Zahnwurz (*Cardamine bulbifera*) und auch Bär-Lauch (*Allium ursinum*), der allerdings nur dann freigelassen werden sollte, wenn rundherum keine nährstoffreichen Flächen liegen – denn dort kann er zur Plage werden.

Darüber hinaus bieten sich kleine Frühlingsstauden an, die in Waldrandsituationen vorkommen und dort Trockenheit und wenig Humus zu ertragen gelernt haben. Einige von ihnen wachsen in humosen, tiefgründigen Beeten weitaus besser, können aber an Extremstandorten trotzdem gut durchhalten; meist bleiben sie dort kleiner und wachsen langsamer. Robust und unverwüstlich ist der Gelbe Scheinlerchensporn (*Pseudofumaria lutea*, außerdem der hellere *P. ochroleuca*), allerdings vor allem dann, wenn er sich selber aussät.

Also entweder mit Samen arbeiten oder eine Pflanze zur Selbstaussaat ansiedeln, ihre Mickrigkeit ertragen und sich im folgenden Jahr dann über Sämlinge freuen. Gut klappen außerdem Maiglöckchen (*Convallaria majalis*), Mandelblättrige Wolfsmilch (*Euphorbia amygdaloides*), Frühlings-Platterbse (*Lathyrus vernus*) und Blauroter Steinsame (*Lithospermum purpurocaeruleum*). Mit dem Nesselkönig (*Lamium orvala*) steht uns eine weitere robuste Staude zur Verfügung, die Anfang Mai zu blühen beginnt.

Bestens geeignet sind zudem europäische Elfenblumen, wie das unscheinbare, aber dafür wüchsige rot-weiße *Epimedium alpinum*, das hellblütige *E. pubigerum*, das leuchtend gelb blühende *E. × perralchicum* 'Frohnleiten', das rote *E. × rubrum* sowie das schwefelgelbe *E. x versicolor* 'Sulphureum' und alle Sorten des orangen *E. × warleyense*. Vorsicht: Sämtliche Arten mit rosa, weißen, violetten und generell wunderschön großen Blüten sind Arten oder Hybriden asiatischer Herkunft und brauchen humose Böden mit gleichmäßiger Feuchtigkeit – sie würden an trockenen Standorten nicht lange überleben.

Unter den Storchschnäbeln finden sich ebenfalls trockentolerante Arten. Zuerst die langsam kriechenden Arten: Neben dem Felsen-Storchschnabel (*Geranium macrorrhizum*) mit rosa und weißen Sorten ist es die verwandte Hybride *Geranium × cantabrigiense*, die mit ebenfalls mehreren Sorten auch trockenen Schatten besiedelt. Je heller es ist, desto üppiger fällt die Blüte aus – aber für einen freundlichen Eindruck reicht es auch

Hohler Lerchensporn siedelt sich auch an stark durchwurzelten und im Sommer trockenen Orten gern an und vermehrt sich durch Selbstaussaat, sodass es im Frühling zu einer herrlichen Massenblüte kommt.

Robust, imposant und ausgesprochen attraktiv für Hummeln: Das ist der Nesselkönig.

unter dichterem Blätterdach. Durch Selbstaussaat vermehren sich der Knotige Storchschnabel (*Geranium nodosum*), der in mehreren Sorten erhältlich ist sowie *Geranium gracile*, eine höhere Art, die schöne große Blätter bildet. Aber Achtung: Die Hybride 'Sirak', die man öfter unter diesem Artnamen erhält, braucht Sonne und guten Boden, um zufriedenstellend zu wachsen. Die Art dagegen ist unverwüstlich und eine praktischer Helferin, um trockenen Schatten in ein schönes Beet zu verwandeln.

Für den Frühsommer kann der Wald-Geißbart angesiedelt werden (*Aruncus dioicus*). Er wird zwar an kargen Stellen nicht so üppig wie an anderen Orten, hält aber doch recht gut durch. Einen Versuch sind auch immer Akeleien wert, vor allem dann, wenn es sich um selbstangesiedelte oder -ausgesäte Sämlinge handelt. Dasselbe gilt für Pyrenäen-Scheinmohn (*Meconopsis cambrica*) und Silberblatt (*Lunaria annua*).

Als Abschluss für die Beetränder kommt die Falsche Alraunenwurzel (*Tellima grandiflora*) in Frage. Kann man zumindest eine dünne Humusschicht bereitstellen, so bietet sich die Haselwurz (*Asarum europaeum*) an, genauso wie der Sauerklee (*Oxalis acetosella* – hier gibt es mit 'Rubra' eine tolle pinkblühende Sorte) oder diverse Taubnesselsorten (*Lamium maculatum*). Für den Spätsommer kann mit *Aster ageratoides*, von der es ganz unterschiedliche Sorten gibt, auch im trockenen Schatten eine blühende Pflanze eingeplant werden.

BODENDECKER, GRÄSER UND FARNE

Soll der Boden nur bedeckt werden, können verschiedene Sorten des Kleinen Immergrüns (*Vinca minor*) oder das wesentlich höhere und in allen Teilen üppigere Große Immergrün (*Vinca major*) angesiedelt werden. Ein toller Tipp für schwierige Stellen ist auch der Kaukasus-Beinwell (*Symphytum grandiflorum*), der in Hellgelb (die Art) oder Hellblau ('Hidcote Blue') erhältlich ist und sich um Trockenheit, Wurzeldruck oder dünne Humusauflagen wenig schert – und Hummeln lieben ihn! Wenn kaum mehr etwas wächst, dann ist immer noch Efeu eine Option; er kann zudem gut entfernt werden, wenn man die Fläche dann doch noch einmal anders bepflanzen möchte.

Groß ist auch die Auswahl an Schattengräsern. Man wird fündig bei den Wald-Marbeln (*Luzula pilosa*, *L. sylvatica*) und vor allem bei den Seggen, bei denen etwa *Carex montana*, *C. umbrosa* und vor allem *C. digitata* auch an sehr trockenen Standorten bestens gedeihen. Sind Ausläufer gewünscht, ist *Carex morrowii* Ihre Pflanze, die sich mit mehreren – auch panaschierten – Sorten im Handel befindet.

Eine meiner Lieblingspflanzen für trockenen Schatten ist die Mondviole. Ihre Blüten duften wunderbar, dazu kommen die zierenden Samenstände und der stabile Wuchs.

Außerdem bieten sich Farne an, da auch unter ihnen Trockenkünstler zu finden sind. Einer davon ist der Wurmfarn (*Dryopteris filix-mas*), der auch mit wenig Humus zurechtkommt und eine recht imposante Staudengestalt ist. Kleiner und bodendeckend kommt der Tüpfelfarn (*Polypodium vulgare*) daher. Erlaubt die Erde ein tieferes Einwurzeln, kann auch der Hirschzungenfarn (*Asplenium scolopendrium*) gepflanzt werden – entgegen seines Aussehens kommt er, vor allem wenn er eingewachsen ist, gut mit Trockenheit zurecht.

IRGENDWAS WÄCHST IMMER!

Wer eine trockene Stelle im Schatten hat, die wenig erfolgsversprechend wirkt, kann es mit einigen heimischen Stauden probieren, die in gutem Boden stark wachsen und daher im Garten nur selten mit Absicht verwendet werden. Zwei davon hatten mit dem deutschen Namen wenig Glück: Stink-Storchschnabel (*Geranium robertianum*), von dem es auch eine attraktive Albinoform gibt, und die Stinkende Nieswurz (*Helleborus foetidus*) sind das ganze Jahr über schön und säen sich reichlich aus, wobei man die Sämlinge problemlos jäten kann. Dazu passen Hohes Helmkraut (*Scutellaria altissima*), Schöllkraut (*Chelidonium majus*), an helleren Stellen Blaugrünes Labkraut (*Galium glaucum*) und als Abschluss nach vorne Zimbelkraut (*Cymbalaria muralis*). Für den Frühsommer kann die Nesselblättrige Glockenblume (*Campanula trachelium*) dazu, den Hochsommeraspekt übernimmt gerne der ebenfalls heimische, verwaschen gelb blühende Klebrige Salbei (*Salvia glutinosa*). Ist der Boden etwas tiefgründiger, kommt auch die sommerblühende Wald-Witwenblume (*Knautia dipsacifolia*) gut klar.

Einjährige und Zweijährige für trockene und sonnige Standorte

Schnell eine freie Stelle besiedeln oder die Lücken füllen, bis die anderen Pflanzen groß genug sind. Auch in der Sonne sind kurzlebige Pflanzen wichtige Helferlein!

Einjährige und zweijährige Pflanzen sind an trockenen Standorten genauso wie in anderen Gartenteilen wertvolle Lückenfüller und beleben eine Pflanzung, da sie jedes Jahr woanders auftauchen und so ständig neue Kombinationen entstehen. Für ihre Verwendung spricht außerdem, dass sie an hellen, sonnigen Stellen meist zuverlässiger wiederkommen als in dichten Beeten. Dort verschwinden sie nach ein paar Jahren oft, weil es für die Keimung und Entwicklung der Jungpflanzen zu dunkel geworden ist. Wer solche Pflanzen auf sonnigen, trockenen Freiflächen in eine Pflanzung einbringt, wird wahrscheinlich länger Freude an ihnen haben. Wichtig ist, ihr Erscheinungsbild als Jungpflanze zu kennen, um nicht aus Versehen die Folgegenerationen zu jäten. Wie so oft ist hier das Internet eine große Hilfe!

Für das Ansiedeln gibt es zwei Möglichkeiten: Entweder man sät direkt ins Beet oder man pflanzt vorgezogene oder übersiedelte Jungpflanzen. Letztere werden meist keine sehr effektvollen, großen Exemplare, säen sich aber aus. Die dann auftauchenden Jungpflanzen wurzeln dann schon ab der Keimung viel tiefer, sodass sie auch mit Trockenheit klarkommen. Eins muss man jedoch bedenken: Je magerer und trockener der Standort, desto kleiner bleiben die Pflanzen. So können zwischen Schotterbeeten und dem Rest des Gartens erhebliche Größenunterschiede auftreten – das sollte eingeplant werden.

Alte Bekannte

Auch allseits bekannte Ein- und Zweijährige können in trockenen Beeten verwendet werden. So sind Akelei, Bart-Nelken, Jungfer im Grünen und Argentinisches Eisenkraut, aber auch Wegwarte und Klatsch-Mohn recht hitzeverträglich – vor allem dann, wenn sie sich selbst ausgesät haben!

Königskerzen und Elfenbein-Mannstreu zusammen mit Kartäuser-Nelken, Pfirsichblättriger Glockenblume, Leinkraut und *Echinacea pallida*, der es etwas trockener aushält.

NAME	BESONDERHEITEN	SORTEN/ALTERNATIVE ARTEN
EINJÄHRIGE PFLANZEN		
Kornrade *Agrostemma githago*	heimische Wildpflanze, giftig, pinkfarbene Blüten, aufrechter, schlanker Wuchs	weißblühend 'Ocean Pearl'
Rundblättriges Hasenohr *Bupleurum rotundifolium*	etwa 50 cm hoch, grünliche Doldenblüten, graubereiftes Laub, passt überall dazwischen	'Griffithii' hat größere gelbe Hochblätter
Kalifornischer Kappenmohn *Eschscholtzia californica*	orange und gelbe Blüten, Dauerblüher, sehr robust, auffällig	etwas gedecktere Farbe: *Papaver atlanticum* (kurzlebig)
Gelber Hornmohn *Glaucium flavum*	silbernes Laub, sehr robust, hält größte Hitze aus, gelbe Mohnblüten, auffällige Samenstände	ähnlich: *Argemone mexicana*
Gewöhnliche Madie *Madia elegans*	behaartes Laub, duftende, gelbe Blüten, verzweigter Wuchs, blüht den Sommer über	prächtiger, etwas besserer Boden: *Gaillardia pulchella*
Venus-Nabelnüsschen *Omphalodes linifolia*	silbriges Laub, weiße Vergissmeinnicht-Blüten, aufrechter Wuchs	
Strahlen-Breitsame *Orlaya grandiflora*	weiße Doldenblüten, schöne Samenstände, stabiler, verzweigter Wuchs, sehr schön!	bei mehr Platz: *Daucus carota*
Färber-Wau *Reseda luteola*	aufrechte, schlanke gelbe Blütenkerzen, von Bienen geliebt, kleine Blattrosette	weißblühend, zarter: *Reseda alba*
Nelken-Leimkraut *Silene armeria*	enorm leuchtendes Pink, silbernes Laub, niedrig, dankbarer Sommerblüher	für trockene Beete: weitere (zum Teil staudige) *Silene*-Arten
Einjährige Papierblume *Xeranthemum annuum*	rosa, lila oder weiße sternförmige Blüten, schmales Laub, blüht bis zum Frost	bei etwas besserem Boden klappt auch *Centaurea cyanus*
ZWEIJÄHRIGE / KURZLEBIGE PFLANZEN		
Wiesen-Glockenblume *Campanula patula*	lockere, sehr schlanke Pflanze, die überall dazwischen passt, schöner lila Farbton	als ausdauernde Alternative: *Campanula persicifolia*
Große Wachsblume *Cerinthe major*	purpurgelb, meist ist 'Purpurascens' im Handel: bläuliches Laub, lila Blüten – sehr ungewöhnlich!	gelb: *Cerinthe minor*
Wolliger Fingerhut *Digitalis lanata* (u. a.)	schlanke, angenehm in Beete passende Pflanze, sät sich aus, stört aber nie	*D. trojana*, *D. parviflora* (bernsteinfarben)
Natternkopf *Echium vulgare*	ausladend, von Insekten geliebt, blaue Blüten – Aussaat unbedingt moderieren!	kompakt, helle Blüten: *E. italicum*, sonst: *Anchusa* (diverse)
Elfenbein-Mannstreu *Eryngium giganteum*	sehr auffällige, silbern blühende, verzweigte Distel mit riesigen Blüten, stabiler Wuchs	noch tolleres Laub: *Ptilostemon afer*
Färberwaid *Isatis tinctoria*	bis zu 1,5 m hohe, schon früh im Jahr blühende Pflanze, grünlich-gelb, schwarze Samenstände	silbriges Laub, Blüte fast gleich: *Isatis glauca*
Nachtkerze *Oenothera biennis*	bekannte abends ganz schnell erblühende gelbe Pflanze, pfeffriger Duft, sehr genügsam	ähnlich, aber doch ausdauernder: *Oenothera odorata* 'Sulphurea'
Eselsdistel *Onopordum acanthium*	monumentale, völlig silbern behaarte Großpflanze, über 2 m hoch, lila Blüten	
Muskateller-Salbei *Salvia sclarea*	großer, üppiger Salbei mit auffälligen Blüten, riecht charakteristisch	sämtliche weitere *Salvia*-Arten (staudig wachsend)
Königskerze *Verbascum* (diverse)	im ersten Jahr große Blattrosette, dann meist gelbe Kerzenblüten, effektvoll mitten im Beet	ausdauernder: *V. chaixii*, *V. nigrum*

SERVICE

Auf den folgenden Seiten finden Sie Bezugsquellen für die erwähnten Stauden, Bücher zum Weiterlesen und Ausflugsziele für alle, die sich in trockene Freiflächen und ihre Bewohner verliebt haben!

Zum Weiterlesen

Amersberger, T. (2017): Global Gardening. Die Vielfalt der Welt im eigenen Garten. Echomedia, Wien.

Chatto, B. (2022): Beth Chattos Kiesgarten. Gärtnern auf trockenem Standort. Verlag Eugen Ulmer, Stuttgart.

Davroux, A. (2022): Wächst fast ohne Wasser. 450 trockenheitstolerante Pflanzen für jeden Standort. Verlag Eugen Ulmer, Stuttgart.

Filippi, O. (2019): The Dry Gardening Handbook. Filbert Press, Bath.

Hall, T. (2020): Gardening with Drought-Friendly Plants. Royal Botanic Gardens, Kew.

Hertle, B. (2010): Kiesgärten. Blütenpracht ohne Gießen. Gräfe und Unzer, München.

Janke, P. (2021): Mein Garten im Wandel des Zeitgeists und des Klimas. Becker Joest Volk Verlag, Hilden.

Lepple, A. (2020): Genießen statt Gießen – Trockenheitstolerante Gärten gestalten. Verlag Eugen Ulmer, Stuttgart.

Zum Einkaufen

Allgäustauden: viele trockenheitstolerante Stauden, bio
www.allgaeustauden.de

Die Staudengärtnerei (Till Hofmann und Fine Molz): rare Trockenstauden, enorm informative Homepage
www.die-staudengaertnerei.de

Franks Salvias: große Auswahl bei Salbei (auch winterharte Sorten), Trockenstauden
www.franks-salvias.de

Gärtnerei Strickler: große Auswahl an heimischen Wildpflanzen
www.gaertnerei-strickler.de

Jelitto: umfangreiches Angebot an Staudensamen
www.jelitto.com

Kirschenlohr: umfangreiches Sortiment
www.stauden-kirschenlohr.de

Saatgut-Vielfalt: spannendes Angebot auch an seltenen Stauden
www.saatgut-vielfalt.de

Sarastro Stauden (Christian Kreß): enormes Sortiment an seltenen Pflanzen
www.sarastro-stauden.com

Staudengärtnerei Gaißmayer: großes Sortiment, viele Infos im Onlinekatalog, bio
www.gaissmayer.de

Staudengärtnerei StaudenSpatz: außergewöhnliches Sortiment, viele Stauden für Trockenheit, bio
www.stauden-spatzundfrank.de

Voitsauer Wildblumensaatgut: v. a. für größere Flächen, viele Wildpflanzen, Blumen und regionales Saatgut
www.wildblumensaatgut.at

Yuccashop (Birgit und Gerhard Gußmagg): viele (seltene) Pflanzen für trockene Standorte
www.yuccashop.at

Ausflugsziele

Schau- und Sichtungsgarten Hermannshof: schönes Ausflugsziel, informative Webseite mit Vorstellung der Pflanzungen

Weihenstephaner Gärten: beeindruckende Beetanlagen, wechselnde Staudensichtungen

Wüstengarten in der Oststeiermarkt: Trockenstauden, Kakteen, Yuccas – und das alles im Freien

Schnell nachgeschlagen

BILDQUELLEN

Das Titelbild sowie alle Bilder im Innenteil stammen
von der Autorin, mit Ausnahme der folgenden:
Ira Bagira/Shutterstock.com: U1 (Sonneneffekt)
Hegmann, Joachim: Seite 44, 90, 91, 92, 99, 102, 103, 104
Deutscher Wetterdienst: Karte Seite 9

IMPRESSUM

Die in diesem Buch enthaltenen Empfehlungen und Angaben sind von der Autorin mit größter Sorgfalt zusammengestellt und geprüft worden. Eine Garantie für die Richtigkeit der Angaben kann aber nicht gegeben werden. Autorin und Verlag übernehmen keine Haftung für Schäden und Unfälle. Bitte setzen Sie bei der Anwendung der in diesem Buch enthaltenen Empfehlungen Ihr persönliches Urteilsvermögen ein.

Der Verlag Eugen Ulmer ist nicht verantwortlich für die Inhalte der im Buch genannten Websites.

Anmerkung zur Schreibweise (Gendering): Gendergerechtigkeit und Inklusion sind bei uns gelebte Praxis – bei der Auswahl unserer Themen, bei der Recherchearbeit, in der Gestaltung. Unsere Texte meinen alle. Damit unsere Inhalte jedoch gut lesbar bleiben, verzichten wir in diesem Werk auf die jeweilige Mehrfachnennung oder Anpassung der Schreibweise bestimmter Bezeichnungen an die weibliche, männliche oder diverse Form.

Bibliografische Information der Deutschen Nationalbibliothek
Die Deutsche Nationalbibliothek verzeichnet diese Publikation in der Deutschen Nationalbibliografie; detaillierte bibliografische Daten sind im Internet über http://dnb.d-nb.de abrufbar.

Wollgrasweg 41, 70599 Stuttgart (Hohenheim)
E-Mail: info@ulmer.de
Internet: www.ulmer.de
Projektleitung: Doris Kowalzik
Lektorat: Alessandra Kreibaum
Herstellung: Isabell Scherrieble
Umschlaggestaltung: Anette Vogt, www.redsign.de, Stuttgart
Gestaltung und Satz: Susanne Junker, www.redsign.de, Stuttgart
Reproduktion: time:ray, Jettingen
Druck und Bindung: Westermann Druck, Zwickau
Printed in Germany

ISBN 978-3-8186-1765-3

FSC www.fsc.org MIX Papier aus verantwortungsvollen Quellen FSC® C110508

Hier können Sie weiterlesen

Die Problemzone Schatten gibt es in Katrin Lugerbauers Gartenwelt nicht. Im Gegenteil: Gerade Schattengewächse haben es ihr angetan. Die Autorin und Fotografin präsentiert vielfältige Ideen für Beet und Kübel, mit denen sich Schattenbereiche das ganze Jahr über standortgerecht, ansprechend und nachhaltig bepflanzen lassen. Vom Frühjahrsblüher bis zur Blattschmuckstaude, von heimischen Schattenpflanzen bis zu den gewieften Anpassungskünstlern Nordamerikas und Asiens zeigt sie die ganze Bandbreite der Schattengewächse. Mit diesem Wissen gelingt Ihnen die Gartengestaltung mit schattenliebenden Stauden garantiert.

Schattenstauden. Die dunkle Seite Ihres Gartens. Ausgezeichnet von der Deutschen Gartenbau-Gesellschaft als TOP 5 der besten Gartenbücher. K. Lugerbauer. 2. Auflage 2023. 168 Seiten, 137 Farbfotos, 8 farbige Zeichnungen, geb. ISBN 978-3-8186-1444-7.